BIBLIOTHÈQUE ROYALE

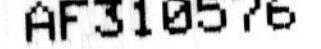

LA BELLE TOURNEUSE,

VAUDEVILLE HISTORIQUE EN TROIS ACTES,

PAR MM. BAYARD ET ROCHEFORT,

Représenté pour la première fois, sur le théâtre du Vaudeville, le 7 mars 1841.

DISTRIBUTION :

CALLOT, fermier-général........	M. Lepeintre jᵉ	UN CASSANDRE	M. Balard.
BALTHAZARD, chanteur........	M. Félix.	ISABELLE	Mˡˡᵉ A. Darcy.
PICOLET, huissier..............	M. Amant.	LÉANDRE........................	M. Ludovic.
SARRAZINE la belle Tourneuse.	Mᵐᵉ Doche.	UN GARÇON TRAITEUR........	M. Ferdinand.
MONIQUE, femme de Picolet....	Mˡˡᵉ Lise Fontenay	LAPIERRE, valet de Picolet.....	M. Ludovic.
MADELEINE, tante de Sarrazine	Mᵐᵉ Lecomte.	Hommes du Peuple.	
UN MOUSQUETAIRE............	M. Adolphe.	Financiers.	
UN ABBÉ........................	M. Fleury.	Marchandes du boulevart.	
UNE BOUQUETIÈRE.............	Mˡˡᵉ C. Darcy.	Valets.	

La scène est à Paris en 1770.

ACTE I.

Le théâtre représente une mansarde. Entrée au fond, portes à droite et à gauche. Une table, un buffet, quelques chaises, pour tout ameublement.

SCÈNE I.
MADELEINE, puis PICOLET.

MADELEINE, seule. Elle fouille dans le buffet et apporte des assiettes, des verres et des couverts d'étain, sur la table. Dix heures sonnent au coucou de la paroisse... Dépêchons de mettre le couvert... Depuis que Sarrazine et Balthazard sont à chanter dans les rues de Paris, les pauvres enfans doivent avoir un fier appétit... Je n'ai pas grand'chose à leur donner... mais ils trouveront toujours une bonne soupe aux choux... ça leur soutiendra l'estomac... avec du lard... (On entend frapper à la porte.) Tiens! qui qu'ça peut être? (On frappe de nouveau.) Eh! pardine, tirez la corde du loquet...

(La porte s'ouvre, Picolet paraît.)

PICOLET. J'entre, de par le Roi!..

MADELEINE, effrayée. De quoi? le Roi! qu'est-ce qu'il me veut?..

PICOLET. Rassurez-vous, bonne femme... vous n'êtes pas la jeune Sarrazine?

MADELEINE. Cette question!.. Est-ce que j'ai l'air d'avoir dix-huit ans.

PICOLET. Sans vous flatter, non... Pourrait-on lui parler?

MADELEINE. C'est qu'elle n'y est pas.

PICOLET. Ah! c'est une raison.

MADELEINE. Mais, me voilà, moi, sa tante, Madeleine Bouchon... Qu'est-ce qu'il y a pour le service du Roi?

PICOLET. Entendons-nous... C'est vous qui demeurez chez Sarrazine?

MADELEINE. Eh! non; c'est Sarrazine qui demeure chez moi.

PICOLET. Oh! ventrebleu!.. ce n'est plus là mon compte... Donnez-vous donc la peine de vous asseoir. (Il s'assied.)

MADELEINE, debout. Il est sans gêne, ce monsieur-là!

PICOLET. C'est pourtant Sarrazine qu'on appelle la Tourneuse, la belle Tourneuse?..

MADELEINE. Sarrazine Boone, née, comme moi, à Plombières, dans les montagnes des Vosges. Sa mère, ma pauvre sœur, était en service dans le grand établissement des bains, où il vient tant de beaux messieurs et de belles dames de Paris pour guérir...

PICOLET. Des rhumes de cerveau... Passez.

MADELEINE. Sarrazine perdit sa mère en venant au monde, et son père, qui était soldat du Roi, fut tué à l'armée; elle avait six mois. Alors, je la pris avec moi et je l'élevai dans ma chaumière...

PICOLET. Avec de la bouillie de blé noir et des châtaignes. Sybarites montagnards que vous êtes!..

MADELEINE. Sarrazine devenait gentille; je lui avais fait apprendre la lecture et l'écriture,

— 7b
385

mais elle n'aimait que la musique et la danse... Les chanoinesses de Remiremont, dont le grand chapitre avoisine notre hameau, la demandaient souvent; on la faisait babiller, jouer, danser, tourner surtout; elle tournait des heures entières. Si bien qu'on ne parlait plus, dans le pays, que de la petite tourneuse; et, plus tard, quand elle eut seize ans, à force d'entendre dire qu'elle s'enrichirait à Paris en tournant, la tête lui tourna aussi... Ma nièce s'imagina qu'elle pourrait me nourrir à son tour, et nous nous mîmes en route pour la grande ville. A présent, elle s'est fait connaître de tout le monde, dans les rues, sur les places... mais nous n'en sommes pas plus plus riches pour ça... Dam! quand on est restée honnête et sage!..

PICOLET. Laissez-moi donc tranquille!..
(Il se lève.)

MADELEINE, avec force. Monsieur, je vous jure...

PICOLET. Oui!.. croyez cela et... je n'en bois pas!

MADELEINE. Tous ceux qui la connaissent vous diront...

PICOLET, riant. Honnête et sage!.. Ce n'est plus dans nos mœurs, ma chère, et si votre tourneuse avait de la raison, de l'esprit de conduite, elle ferait fortune, comme tant d'autres... la Guimard, la Duthé... Tenez, sans aller si loin, il y a de par le monde un gros financier... le propriétaire...

MADELEINE. Vertuchou!.. Est-ce que vous êtes un de ces émissaires qui lui apportaient des cadeaux qu'elle refuse et des billets qu'elle déchire?

PICOLET. Moi!

MADELEINE. Ah! c'est qu'elle en a refusé qui n'étaient pas si laids; mais, par exemple, ils avaient l'air moins bête que vous!..

PICOLET. Ah! ça, Auvergnate des Vosges, vous passez les bornes!..

MADELEINE. Eh bien! vous, vous n'avez qu'à passer la porte.

PICOLET. Du tout, puisque c'est à moi de vous faire sortir d'ici.

MADELEINE. Ah! ah! et qui donc êtes-vous pour parler si haut?

PICOLET. Je suis Picolet, huissier... exploitant au nom du sieur Jean-Nicolas Callot, fermier-général... propriétaire de cette maison depuis huit jours, et votre créancier de deux termes. Je vais vous saisir.

MADELEINE. On va me saisir?

PICOLET. Eh! non... Que diable voudriez-vous qu'on fît de votre personne âgée?.. mais bien tous vos meubles meublans.

MADELEINE. Vous pousseriez l'inhumanité jusqu'à nous mettre sur la paille? Vous n'avez donc ni cœur, ni femme, ni enfant?

PICOLET. Si, parbleu! j'ai un cœur, j'ai même une femme aussi... dont la coquetterie me coûte cher, et c'est pour lui gagner de l'argent que je suis forcé d'être sans pitié. (Tirant des papiers.) Verbalisons.

MADELEINE. Ah! Monsieur, si j'avais su! Vous avez l'air d'un si brave homme.

PICOLET, verbalisant. Moi... j'ai l'air bête.

MADELEINE. Si vous vouliez être gentil?..

PICOLET, de même. Du tout!.. Je suis laid.

MADELEINE, avec énergie. Au bout du compte, essayez de nous dépouiller... Nous avons un protecteur, qui ne vous craint pas.

PICOLET. Ah! oui, parlons-en! M. Balthazard, l'amant de votre nièce... Quelle vertu!

MADELEINE. Son amant! Quelle indignité!

PICOLET, regardant à droite. Voilà une chambre. (Il va pour entrer.)

MADELEINE. Justement, les voici. (On entend du bruit dans la rue. Elle court à la fenêtre.) Sortez, M. l'huissier... Il y aura une bataille.

PICOLET. Bonne femme, ma personne est sacrée!.. (Il entre à droite.)

MADELEINE. Les voilà!..

SCÈNE II.

MADELEINE, BALTHAZARD, entrant par le fond, puis SARRAZINE.

(Balthazard porte une houppelande à collets; il a de la poudre, un chapeau à trois cornes avec des rubans, une ceinture rouge dans laquelle il y a des chansons. Il tient un violon, et s'accompagne.)

Air du marquis de Feltre.

Honneur à la belle tourneuse,
La cousine de Balthazard !..
C'est la vertu qui s' fit danseuse,
C'est la reine du boulevard !..
Elle sait prendre à la pipée
Les mousquetair's, les maltôtiers,
Les gens d' robe, les gens d'épée,
L' tiers-état et les financiers !
Il faut voir comme ell' vous retourne,
Beaux galans, jolis sapajous !..
    Et quand sa tête tourne,
    Tourne, tourne, tourne,
    Ce n'est pas pour vous.

SARRAZINE, entrant.
(Costume de fantaisie. Elle tient deux épées dans une main et un tambour de basque dans l'autre.)

Je ne craindrai jamais vos armes,
Vous qui mourez pour mes attraits;
Je rirai toujours de vos larmes,
Je me moque de vos regrets.
A votre figure trompeuse,
Moi, je préfère un bon vivant!
(Elle donne la main à Balthazard.)
Et pour la petite tourneuse,
Vos soupirs ne sont que du vent!
C'est son cœur qui seul la détourne
Du danger d'écouter des fous...
    Et quand sa tête tourne,
    Tourne, tourne, tourne,
    Ce n'est pas pour vous.

REPRISE AVEC BALTHAZARD ET MADELEINE.

BALTHAZARD. Bonjour, tante Madeleine. Voici vos deux tourtereaux rentrés dans leur nid... Nous vous rapportons un appétit accablant, de

LA MOSAIQUE

RECUEIL DE PIÈCES NOUVELLES.

N. 20.

Théâtre du Vaudeville,

LA BELLE TOURNEUSE,

VAUDEVILLE EN TROIS ACTES.

50 CENTIMES.

PARIS,

HENRIOT ET Cⁱᵉ, ÉDITEURS, RUE D'ENGHIEN, Nᵒ 10,
CH. TRESSE, SUCCESSEUR DE J.-N. BARBA, LIBRAIRE,
Au Palais-Royal, galerie de Chartres.

1841.

la gaîté et une recette de 9 livres 12 sous que je verse dans les mains du caissier général.

(Il remet de la monnaie à Madeleine.)

MADELEINE. C'est bien, mon garçon...

SARRAZINE. Quant à moi, voici aussi ma récolte.

(Elle tire de ses poches des lettres et des billets.)

BALTHAZARD, les prenant. Plus que ça de billets doux!.. (Riant.) Ah! ah! ah! Pour écrire tout ça, il a fallu bien des plumes d'oie... Heureusement qu'ils enveloppent des gros sous dans leurs déclarations, ça donne du poids à la chose. (Lisant un billet.) « Charmante Sarrazine, vous êtes digne d'un palais ». — Oui, avec un magot de la Chine pour propriétaire... (Lisant un autre billet.) « Belle tourneuse, vos yeux ravissans m'ont blessé au cœur... » Alors, va te faire panser à l'hôpital... et tous du même style. Allons, mes chérubins, on fera droit à vos réclamations en s'en servant pour... allumer sa pipe.

(Il va à la cheminée.)

SARRAZINE. Et tu feras bien.

Air : Eh ! mais, pas si bête.

Je n'ai jamais voulu les lire,
Tous ces aveux d'amans trompeurs ;
Je méprise votre martyre,
Petits muguets faux et menteurs,
Qui tour-à-tour m'offrez vos cœurs.

BALTHAZARD.

Si l'amour consume votre âme,
Si vous risquez plus d'un aveu,
Et pour augmenter tant de flamme,
Jetons, morbleu !
Tous vos poulets au feu,
Au feu ! au feu !
Tous les poulets au feu !

MADELEINE, qui a causé avec Sarrazine en cachette de Balthazard. Oui, cet huissier est là pour saisir nos meubles.

SARRAZINE, de même. Oh! mon Dieu! ne dites rien à Balthazard! nous ne pourrions plus le retenir!.. Comment faire?

MADELEINE. Sainte Vierge! Il tuerait la justice.

BALTHAZARD, qui a lu une dernière lettre. Eh ben! en voilà du curieux!.. une lettre à mon adresse, parmi le paquet!.. Est-ce que ce serait un insensé qui aurait le plus pressant besoin de recevoir un coup de sabre... ou une volée d'autre chose... Voyons!.. (Aux femmes.) Préparez le déjeuner, vous autres... (Elles vont près de la table et rentrent dans le cabinet chercher la soupe ; elles reparaissent, toujours occupées de Picolet. Pendant ce temps, Balthazard lit, sur le devant du théâtre.) « M. Balthazard, je suis riche et titrée ; je vous ai vu plusieurs fois, et je trouve que le métier que vous faites est indigne d'un garçon de votre espèce... » Tiens! tiens!.. (Flairant la lettre.) c'est musqué. (Lisant.) « J'ai besoin d'un intendant, je dirai presque d'un ami. J'ai jeté les yeux sur vous, et, si vous consentiez, il y aurait moyen de s'entendre. La vicomtesse de POMPONNE. » Une vicomtesse!.. Mille nom d'une cartouche! c'est ronflant! Allons, ceci n'est

point une affaire d'honneur comme je l'entendais.

MADELEINE. Balthazard!.. Balthazard!..

BALTHAZARD. Voilà! (A part.) O vicomtesse imprévue!.. si ce n'est point une mystification!

SARRAZINE, s'approchant. Balthazard, tout est prêt... viens déjeûner...

BALTHAZARD. Voilà! voilà!.. mais (Il s'approche de la table.) nous allons compliquer le repas de quelque chose de rôti, que j'ai là dans la poche de ma houppelande!

MADELEINE. Qu'est-ce que c'est donc?

BALTHAZARD, tirant un poulet. C'est l'enfant d'une poule qui s'ennuyait sur l'étalage d'un rôtisseur, et que je me suis procuré moyennant 24 sous.

SARRAZINE. Tu as bien fait ; ça régalera ma pauvre tante !

BALTHAZARD. Et nous, idem, par-dessus le marché.

(Il ôte sa houppelande, et sans regarder ce qu'il fait, il la jette sur la figure de Picolet qui vient de rentrer.)

SCÈNE III.
LES MÊMES, PICOLET.

PICOLET, examinant. Rien à prendre!.. (Relevant la houppelande et criant.) Faites donc attention, vous m'avez entré votre parement dans l'œil.

BALTHAZARD, avec surprise. Tiens! Je ne vous avais pas vu?.. qu'est-ce que vous faites donc là, particulier inconnu?

PICOLET. Je verbalise.

SARRAZINE, vivement. C'est un monsieur qui attend quelqu'un.

MADELEINE, effrayée. Oui, il attend...

BALTHAZARD. Comment, il attend... et de quelle part?

PICOLET. De la mienne.

BALTHAZARD. A quel titre?

PICOLET. A titre d'huissier exploitant par tout le royaume...

BALTHAZARD, avec colère. Un huissier chez nous! tante Madeleine, expliquez-moi ce logogriphe, ou j'applique sur la figure de monsieur, une gravure en taille-douce, dont voici la planche.

(Il montre sa main ouverte.)

PICOLET, insolemment. Chanteur des rues, n'élevez pas tant la voix !

BALTHAZARD. Qu'est-ce qu'il a dit?

SARRAZINE, le retenant. Balthazard, appaise-toi !

MADELEINE. C'est pour nos loyers.

BALTHAZARD, furieux, à Picolet. Ah! vilain corbeau du Châtelet, tu crois que nous nous laisserons dévorer sans te casser le bec. (Il va ouvrir la porte du fond.) Prends ta volée, si tu ne veux pas en recevoir une de ma main.

PICOLET, fermement. Homme du commun, je ne sortirai pas.

BALTHAZARD, courant à lui et le prenant à bras le corps. Tu as raison : les portes, c'est trop distingué, vivent les fenêtres ! (Il l'enlève malgré ses cris, et le tient suspendu.) Gare là-dessous... c'est un huissier qui passe.

SARRAZINE et MADELEINE, courant à lui. Arrêtez !..

ENSEMBLE.

Air du rocher de Saint-Malo.

BALTHAZARD et LES FEMMES.
Partez, je vous prie,
Et plus de furie;
Quand vous quitterez ces lieux,
On s'entendra mieux.

PICOLET.
Ah! je vous en prie,
Calmez sa furie,
Je sens un frisson nerveux,
Dresser mes cheveux.

(Il sort.)

SCÈNE IV.

MADELEINE, SARRAZINE, BALTHAZARD.

BALTHAZARD, riant. Ah! ah! ah! a-t-il eu une belle peur! voilà un homme dans la jaunisse, pour un mois!

SARRAZINE. Oui, et ça nous fera une belle affaire!

MADELEINE. Jeter un homme par les fenêtres. (Ils se mettent à table.)

BALTHAZARD, riant. Un huissier, c'est permis... d'ailleurs, ces angoras-là, ça retombe toujours sur les pattes... mais bast! Tante Madeleine, rentrons dans notre gaîté... Versez à boire et passez moi le poulet, pour que je le divise. (Il découpe.)

SARRAZINE. Malgré ça, Balthazard, tu es trop vif, et quand je serai ta femme...

BALTHAZARD. Oh! quand tu seras ma femme, ce sera pire encore, vicomtesse! mes amours!

SARRAZINE. Hein! moi, vicomtesse?

BALTHAZARD, se reprenant. Comment, vicomtesse? est-ce que j'ai dit?.. oh! c'est un petit terme d'amitié. (A part.) Diable de lettre! ça me trotte, ça me trotte!..

MADELEINE. Ah ça! à quand la noce?.. écoute donc, Balthazard, tu as dit que tu étais le cousin de Sarrazine, par ton père.

BALTHAZARD. Je suis Lorrain, elle est Lorraine... tous les Lorrains sont cousins.

MADELEINE. C'est comme ça!

SARRAZINE. Dame! Balthazard, je t'ai cru, parce que je t'aime... parce que tu es un honnête garçon, et que tu as toujours été pour moi un frère.

BALTHAZARD. Oui, en attendant mieux.

MADELEINE. C'est bien, mais pour se marier il faut avoir quelque chose.

BALTHAZARD, la bouche pleine. Tiens! mais j'ai quelque chose... cette bêtise!.. d'abord, j'ai un oncle, calé, qui a de quoi.

SARRAZINE. Et où demeure-t-il?

BALTHAZARD, mangeant. Je ne sais pas au juste, c'est ce qui est la cause directe que je l'ignore... tout ce qu'il y a de sûr, c'est que c'est un richard. Il n'a jamais voulu me voir de son

vivant; ce vieux Crésus, mais les oncles ne sont pas perpétuels, et comme les tabellions sont forcés de vous prévenir, quand votre famille est décédée. j'attends paisiblement que l'objet m'arrive. (Buvant.) A ta santé!

SARRAZINE. Ah! Balthazard!.. Tu ne me dis pas tout! Il y a dans tes liaisons, avec les soldats du Guet, dans les dépenses que tu fais pour eux, un secret que tu me caches.

BALTHAZARD. Quel secret! les soldats du Guet sont des individus de la meilleure société... Je les fréquente, à cause de leur bon ton, je leur paye la goutte, parce que cette famille de guerriers, est en général dépourvue de gros sous, faute de monnaie blanche... comme ça, je me fais un appui de cette aimable force armée, et celui qui oserait toucher à toi, ma délicieuse Lorraine, mes amours, aurait affaire aux huit compagnies de M. de Biron.

SARRAZINE, ils se lèvent. Comment ne pas chérir cet être-là!

MADELEINE. C'est égal, mariez-vous!

SARRAZINE. Oui, oui, marions-nous!.. moi, d'abord, je réponds à tous les amoureux... et ce matin encore... Je n'aime que Balthazard, et tant qu'il m'aimera...

BALTHAZARD. Toujours! toujours! (Les femmes rangent la table. A part.) Au fait, c'est une farce, cette vicomtesse... mais sa lettre... (Il rouvre la lettre et la parcourt, à part.)

MADELEINE. Ah ça, mais, le propriétaire?

SARRAZINE, bas. Chut! j'ai reçu une lettre de lui.

MADELEINE, de même. De notre propriétaire!

SARRAZINE. Il m'offre une fortune, si je veux l'aimer.

BALTHAZARD, venant à elles. Hein, vous dites?

SARRAZINE. Rien, rien, Balthazard, est-ce que nous n'allons pas étudier notre nouvelle danse montagnarde, pour demain, au boulevart.

BALTHAZARD. Si fait! tu as raison.

SCÈNE V.

LES MÊMES, MONIQUE, suivie de deux laquais; elle a une grande toilette du temps : paniers, plumes, éventail, grands airs. Jeu un peu chargé.

MONIQUE, se retournant. Holà! hé! mes laquais, dites à mon cocher de dire à mes chevaux, d'attendre à la porte, tant que ça me fera plaisir.

BALTHAZARD. Qu'est-ce que c'est que ça?

SARRAZINE. Une dame!

MONIQUE. Exécutons les ordres du maître... en avant les airs de grande dame!.. Oh ciel! ah! bonnes gens, un siége, un fauteuil, un sopha!.. je défaille!.. (Elle se laisse tomber sur une chaise.) Vous demeurez si... (Se levant vivement.) Oh! que c'est dur!

SARRAZINE. C'est une chaise, tout bêtement.

MONIQUE, regardant Balthazard. Ah! oui, excusez... c'est que lorsqu'on est accoutumé à tout ce qu'il y a de plus douillet.

BALTHAZARD. On a l'habitude de s'enfoncer !

MONIQUE, se rasseyant. Vous habitez si haut, si haut ! qu'on ne peut arriver jusqu'à vous, sans que le cœur vous batte comme un traquet de moulin !.. (Regardant Balthazard.) Aussi, il bat, il bat !

BALTHAZARD, galamment. Pardieu !.. belle dame, pas besoin de grimper quelque part pour qu'il batte auprès de vous ! (Il se rengorge.)

MONIQUE, minaudant. Ah ! pristi ! c'est galant !

SARRAZINE, à Balthazard. Eh bien ! eh bien !

MADELEINE. Qu'est-ce qu'il y a pour le service de Madame ?

MONIQUE. Je me suis transportée céans pour examiner si cette mansarde me conviendrait.

SARRAZINE. Pour vous ?

MONIQUE, se levant. Pour moi ! fi donc ! pour qui me prenez-vous, petite ? loger sous les toits, une vicomtesse !

BALTHAZARD, vivement. Une vicomtesse ! (A part.) Comme l'autre !

MONIQUE. Rien que ça !

Air du Verre.

Habiter un pareil taudis,
Mais c'est m'insulter, je vous jure,
Moi, qui marche sur des tapis,
Qui respire sous la dorure !
On loge les gens comme il faut,
Au premier... c'est toujours l'usage,
Et l'on ne place tout en haut,
Que les gens du plus bas étage.

BALTHAZARD, à part. Sacrebleu ! si c'était !.. ça m'a coupé la respiration !

MONIQUE. Je destine cette affreuse habitation à ma valetaille, car je viens de louer la maison tout entière... depuis la cave jusqu'au grenier... au propriétaire... (Regardant Sarrazine.) Un homme fort riche et fort aimable, de mes amis... (Regardant Balthazard.) Car j'aime toujours les gens aimables.

BALTHAZARD, à part. En ce cas, elle y a la main.   (Il se rengorge.)

MADELEINE. Oh ! aimable, il ne l'est guère... il veut faire saisir nos meubles.

MONIQUE. Vos meubles ! vous n'en avez pas !

SARRAZINE. Pour que'ques méchans loyers.

BALTHAZARD. Oui, qu'il y vienne, s'il est curieux de pirouetter dans les airs !

MONIQUE, minaudant. Comment, M. Balthazard, de la violence ! vous exposer à des poursuites... vous voulez donc faire de la peine à ceux qui vous aiment !

BALTHAZARD. Oh !

SARRAZINE, bas à Balthazard. Qu'est-ce qu'elle dit ?

MONIQUE. Il paraît que vous êtes un peu gêné ?

BALTHAZARD. Comment donc, un peu ! Mais beaucoup... c'est une habitude que j'ai contractée, par des motifs...

MONIQUE. Vous manquez de fonds ?

BALTHAZARD. Généralement.

Air du pas redoublé.

D'un contrat d' rente que j'avais,
   Lombard me fit l'avance ;
Dans un' tir'lir' que j'emplissais,
   Il n' se trouve plus d' finance.
Ces deux objets sont le bilan
   D' ma fortune modeste.
Rente en plan tirelire en plan !
   J' n'ai rien, v'là tout c' qui m' reste !

MONIQUE. C'est clair !.. Eh bien ! jeune infortuné, pourquoi ne cherchez-vous pas l'appui des personnes huppées ! En vous prenant à leur service, elles pourraient...

BALTHAZARD. Qui ça ? Me faire domestique, comme ces deux zèbres argentés qui étaient, tout à l'heure, sur leurs quatre pattes ?.. Prendre la livrée !.. Non, mon affaire, à moi, c'est de vivre au grand air, de respirer la liberté, comme un chevreuil échappé... Si je trouve la misère en chemin, je brûlerai mon existence, pour la raccourcir de sa vieillesse ; je durerai tant que je pourrai, mais j'ai le cœur trop haut pour le couvrir d'un habit galonné... et, à moins qu'une fortune ne me dégringole des cieux.

MONIQUE. Pourquoi pas ?

SARRAZINE. Elle a dit ?..
(On entend du bruit.)

MADELEINE, regardant à la porte. Jésus ! voilà quelqu'un qui monte... un monsieur !

MONIQUE. C'est lui, sans doute, le propriétaire. Je lui ai écrit que je l'attendais dans sa maison... et il m'a répondu ; (Jetant un regard sur Balthazard.) car, quand j'écris une lettre, j'aime qu'on m'honore de la réciproque.

BALTHAZARD, à part. Bon ! c'est ça !..

MADELEINE. Le voilà !

MONIQUE. Allez, allez, je vais lui parler pour vous... laissez-moi... (Regardant Balthazard.) Je vous reverrai !

BALTHAZARD. Oh ! oui, cré coq... (Se reprenant.) Je vous reverrai, Mme la Vicomtesse, parce que...

ENSEMBLE.

MONIQUE.

Air : Jusqu'au revo'r.

Sortez tous trois ;
Il vient, je crois,
Pour votre bien.
Ne craignez rien :
Il restera,
Il m'entendra ;
Et j'ai l'espoir
De l'émouvoir.

MADELEINE et SARRAZINE.

Sortons tous trois !
Il vient, je crois,
Pour notre bien.
Ne craignons rien :
Ce moyen-là
L'attendrira.
Il faut le voir,
Et l'émouvoir.

BALTHAZARD.

Sortons tous trois !
Il vient, je crois.
Ne craignez rien ;

(A part.)

(Bas à Monique.)

C'est qu'elle est bien.

Il cèdera ,
Il s'en ira ;
Et j'ai l'espoir
De vous revoir.

(Ils sortent tous, excepté Monique.)

SCÈNE VI.

MONIQUE , CALLOT, PICOLET.

PICOLET, en dehors. Oui, Monsieur, oui.

MONIQUE , effrayée. Ah ! mon Dieu ! on dirait la voix de Picolet !

CALLOT, entrant. Je te dis que tu es un imbécille.

MONIQUE , à part. Un imbécille ! C'est mon mari !

PICOLET, entrant. Mais, Monsieur, je vous assure...

MONIQUE , à part. Je suis perdue !

(Elle se cache derrière son éventail.)

PICOLET. Puisqu'il a voulu me jeter par la fenêtre... celle-là ! J'ai été suspendu à cent pieds du sol pendant cinq minutes ! J'en ai encore un tremblement fiévreux ! tiens ! une dame !

MONIQUE , bas à Callot. Pourquoi l'avez-vous amené ?

CALLOT, de même. Je ne savais pas ; mais sois tranquille, il ne se doute rien. (Se retournant et trouvant Picolet près de lui. Qu'est-ce que tu fais là ?

PICOLET, reculant. Moi ? Rien... Je regardais... quand je vois une femme , je regarde.

CALLOT. Mauvais sujet ! (Bas à Monique.) Où en sommes-nous ?

MONIQUE , bas. Ça commence à prendre. (Voyant Picolet qui cherche à la voir.) Tâchez donc de faire partir mon mari.

CALLOT, bas. Attends. (Haut.) Eh bien ! maître Picolet, voici Madame... une femme charmante... qui sera plus habile que toi...

PICOLET. Comment ! Madame vient pour saisir ?

CALLOT. Pour plaire.

PICOLET. Oh ! ce n'est pas mon état... Je suis taillé en huissier, et non pas en amour.

MONIQUE , à part. C'est vrai ! (Elle s'assied.)

PICOLET. Mais je ne vois pas quel rapport...

CALLOT. Parbleu ! c'est facile à comprendre , pourtant... Ces jours derniers , à ma petite maison de l'allée des Veuves, où je donnais dîner, comédie , etc., on parlait de la vertu de la Belle Tourneuse... Je pariai 1,000 louis, avec Bourret, le fermier-général, mon confrère, qu'avant huit jours je le ferais souper avec la petite... Mais impossible ! cadeaux, lettres, tout a échoué. Alors, pour la forcer à se jeter dans les bras d'un protecteur, je t'ai chargé de saisir ses meubles.

PICOLET. C'est très ingénieux... (A part.) Gros malin , va !

CALLOT. D'ailleurs, c'est en tout bien, tout honneur... J'ai parié qu'elle souperait...

MONIQUE, bas. Mais rien de plus.

CALLOT. Les financiers se moquent toujours de moi ; ils disent que je suis un maladroit, une dupe, un avantageux, un petit fat... un tas de balivernes !.. Cette fois, morbleu ! je me vengerai d'une manière assez spirituelle ; je gagnerai leur argent.

PICOLET. Vous perdrez.

CALLOT. Je gagnerai.

PICOLET. Vous perdrez. Il y a là un sieur Balthazard !..

CALLOT. Aussi, j'ai trouvé une idée... c'est de le perdre dans le cœur de sa maîtresse... de pousser la Belle Tourneuse à se venger de lui , en le rendant infidèle par les séductions d'une grande-dame d'emprunt. J'avais d'abord pensé à ta femme.

MONIQUE , se levant.. Oh ! (A part.) Comme c'est adroit !

PICOLET. A Mᵐᵉ Picolet ! Je ne veux pas.

CALLOT. Écoute donc , j'en avais un peu le droit. Je t'ai fait cadeau d'une étude et j'ai ta femme à mon service.

PICOLET, avec dignité. Pas pour tout faire, Monsieur !

CALLOT. Tu es donc toujours jaloux ?..

PICOLET. Comme une bête !.. du Bengale !..

CALLOT. Alors, j'ai chargé Madame , qui est une marchande à la toilette de mes amies...

PICOLET , avec inquiétude. Permettez... ma femme qui était à votre maison de campagne ?..

CALLOT. A ma terre de Pomponne, près Lagny... elle y est encore...

PICOLET. C'est singulier ! cette dame qui ne souffle pas !

CALLOT. Respectez sa pudeur, M. Picolet.

MONIQUE , bas. Renvoyez-le !

CALLOT. Et toi, poltron, va-t'en ! N'oublie pas de revenir ici avec du monde, et promptement, pour saisir, quelque résistance que l'on fasse.

PICOLET, près de Monique. Oui ! oui !..

(Il veut toucher Monique, qui lui donne un coup d'éventail sur les doigts.)

CALLOT , le repoussant. Qu'est-ce que c'est , indiscret ?..

BALTHAZARD , à la cantonnade. Ah ! là... voilà, tante Madeleine !

MONIQUE, bas à Callot. C'est lui !

PICOLET , effrayé, voyant Balthazard. Ah ! je me sauve !

CALLOT. Retiens-le !

SCÈNE VII.

BALTHAZARD, MONIQUE.

MONIQUE. Eh bien ! M. Balthazard, avez-vous réfléchi à mes conseils ?..

BALTHAZARD. Permettez, Vicomtesse ; ne sachant pas au juste le fond de votre pensée, dont je me doute... ça ne peut devenir limpide, qu'en gazouillant tous deux sur la chose.

MONIQUE. Cependant, il me semble que ma lettre...

BALTHAZARD. Une lettre !.. Elle est de vous ? J'avais donc deviné !.. Vous êtes une finaude, Vicomtesse !.. de Pomponne que vous êtes !..

MONIQUE, minaudant. Eh bien ! oui !.. parlez bas !.. Je voulais vous voir, avant de me découvrir tout-à-fait !.. Maintenant, vous savez tout... Voulez-vous être ?..

BALTHAZARD. Je veux bien !

MONIQUE. Mon intendant ?

BALTHAZARD. Un intendant ?.. Qu'est-ce que c'est que cet animal-là ?

MONIQUE. C'est un homme d'une probité rare... qui tient votre fortune dans sa main... où il en reste toujours quelque chose.

BALTHAZARD. Ça me va ! ça me va ! le diable m'emporte !..

MONIQUE, effrayée. Ah ! Monsieur !..

BALTHAZARD. Non, non... pardon ! le diable ne m'emporte pas ! J'aurais donc...

MONIQUE. La table, le logement, de grands bénéfices... et tout cela, pour quelques heures de travail.

BALTHAZARD. Oh ! ce n'est pas le travail qui m'effraie... au contraire... Brave et honnête Vicomtesse que vous êtes !

MONIQUE. Vous partirez donc pour la campagne ? à l'instant même ? et sans regret ?

BALTHAZARD. Sans regret. J'ai assez répandu ma vie dans les rues de la capitale... il faut que je m'obscurcisse à la campagne... Je ferai danser les paysannes, nous rirons, nous boirons ! Ce sera une existence de toute beauté !.. La mère Madeleine leur trempera la soupe, et Sarrazine leur jouera du tambour de basque.

MONIQUE. Hein ? qu'est-ce que c'est ?.. Sarrazine la tourneuse ?

BALTHAZARD. Eh bien ! oui... je l'emmène avec moi, en croupe derrière ma fortune !..

MONIQUE. Ah ! fi ! cette petite sauteuse ?

BALTHAZARD. Ah ! diable !.. Parlez plus bas !

MONIQUE. Une fille qui vous compromet !

BALTHAZARD. Elle ?.. Ah bien ! oui !.. Je suis assez formé pour me compromettre tout seul.

MONIQUE. Vous avez un langage distingué... des manières qui ne demandent qu'à s'adoucir.

BALTHAZARD. Il est sûr que si j'étais civilisé, on ne peut savoir jusqu'où le bon ton pourrait... mais ça m'embête !.. Et puis... (Monique le regarde.) D'ailleurs... (Perdant la tête.) Ah ça ! mais... ah ça ! mais... elle me transperce à coups d'œillades !.. Tu vas finir !..

MONIQUE. Tenez, je gage que vous êtes d'une extraction beaucoup plus relevée qu'elle.

BALTHAZARD, avec intention. C'est possible ! Dans tous les cas, c'est mon secret.

MONIQUE. Je disais bien... Il y a des gens qui ont une physionomie et un caractère...

BALTHAZARD. Oh ! pour ce qui est du caractère...

    Je suis franc luron,
    Pas mal fanfaron ;
    J'aime les goguettes,
    Au sein des guinguettes ;
    Parfois, un peu vif,
    Galant, mais rétif,
    Prompt à me cabrer,
    Et prêt à sabrer !..
        MONIQUE.
    De ces défauts-là,
    On vous guérira !
        BALTHAZARD.
    Généreux buveur,
    Vienne un gai viveur,
    Mon vin et mon cœur
    Sont à son service.
    Mon bras se battra
    Pour qui l'on voudra.
    Mais la primauté
    Est pour la beauté ;
    J'ai la vanité
    D'être son cent-suisse !

MONIQUE. Comment, son cent-suisse ?

BALTHAZARD. Ceci veut dire que lorsque je vois insulter une dame par un freluquet, je deviens coquelicot !.. mon œil s'enflamme, je cours sur le galopin, je le châtie, je l'annulle, j'en fais de la pâtisserie feuilletée ! je le casse... mais, après ? Rien du tout ! Je rentre dans mon calme... doux comme un agneau.

    Je suis franc luron, etc.

MONIQUE. Vous partirez seul !

BALTHAZARD. Seul ?

MONIQUE. Seul !

BALTHAZARD. Eh bien... (Se reprenant.) C'est mal, peut-être... mais vous me placez là entre le ziste et le zeste... C'est vrai ! j'ai du courage, de la crânerie, du cœur !.. Mais pas plus de tête qu'un sansonnet... Et puis, cette fortune, ces yeux en coulisse, cette voix... tout ça me brouille les idées... comme douze bouteilles de Mâcon..., ou autres.

MONIQUE. Seul !

BALTHAZARD. Eh bien ! oui ! j'irai !

MONIQUE. Quand ?

BALTHAZARD. Quand ?.. Quand vous voudrez !

MONIQUE. Voici ma main.

BALTHAZARD. Ça me comptera pour le dernier adieu !   (Il lui baise la main.)

MONIQUE, à part. Il est pris !

❦❦❦

SCÈNE VIII.

LES MÊMES, SARRAZINE, qui est entrée sur les derniers mots.

SARRAZINE, le voyant baiser la main de Monique. A part. O ciel !

MONIQUE, la voyant. A bientôt donc, mon cher Balthazard ! comptez que je ne vous abandonnerai pas !

BALTHAZARD. Vicomtesse de Pomponne que vous êtes, vous me confusionnez !

SARRAZINE. Quelle horreur !..

ENSEMBLE.

Reprise de l'air.

MONIQUE.

Adieu, mon ami,
Songez bien qu'ici,
Une vicomtesse,
Vous fait la promesse !
Je m'en souviendrai,
Et je la tiendrai !
Mais gouvernez bien
Mon cœur et mon bien !

BALTHAZARD.

Ma foi, c'est fini,
Me voilà l'ami
D'une vicomtesse,
Dont j'ai la tendresse !
Je m'en souviendrai,
Et j'en userai,
Pour mener son bien,
Qui sera le mien !

SARRAZINE.

Dieu ! que vois-je ici ?
Il ose aujourd'hui,
Pour la vicomtesse,
Trahir ma tendresse !
Je m'en souviendrai !
Je me vengerai !
Mon cœur est mon bien,
Qu'il garde le sien !

(Monique sort. — Balthazard la conduit jusqu'à la porte.)

SCÈNE IX.

BALTHAZARD, SARRAZINE.

BALTHAZARD, descendant la scène. C'est une passion !.. J'y donne en plein.

SARRAZINE. Mais suivez-la donc, Monsieur ! Partez avec elle !..

BALTHAZARD. Aïe !.. Sarrazine !.. Elle était là !..

SARRAZINE. Oui, Monsieur, oui ! J'étais là ! j'ai tout entendu !

BALTHAZARD. Ah bah !.. (S'efforçant de rire.) Farceuse de vicomtesse !.. elle plaisantait !

SARRAZINE. Du tout ! du tout !.. Elle vous parlait de son amour, elle vous donnait sa main à baiser !.. C'est indigne !..

BALTHAZARD. Ah ! ah ! ah ! tu as la naïveté de prendre ça au sérieux ? Que tu es simple, va !..

SARRAZINE. Laissez-moi !.. Vous avez beau rire... vous ne m'abuserez pas !.. Me trahir !.. moi qui vous aimais tant !.. (Elle pleure.)

BALTHAZARD. Des larmes ?.. Allons donc !.. C'est des bêtises de s'inonder comme ça ! Sarrazine !..

SARRAZINE. Non, Monsieur, non !.. (Elle s'assied.)

AIR : Viens dans les bras de Virginie.

Pour moi, plus d'amours,
Plus de beaux jours !

Je suis trahie,
Tourment de ma vie!
Voilà les sermens
Des amans !
Il vous reste après
Des pleurs et des regrets !

BALTHAZARD, à genoux.

Apaise-toi, tourterelle privée,
Dedans mon sein ton image est gravée !

SARRAZINE.

Vous trompez mes vœux !

BALTHAZARD.

Calme tes feux
Trop chaleureux !
Car mon cœur brûlant,
Comme nous, n'est pas ambulant !

ENSEMBLE.

SARRAZINE.

Pour moi, plus d'amours, etc.

BALTHAZARD.

Toujours des amours,
Et des beaux jours,
Ma douce amie !
Tu n'es point trahie !
Et ton amant
Tient son serment...
Tu n'auras jamais,
Avec moi, de regrets !

SARRAZINE, se levant, et marchant agitée. Ah ! il vous faut des vicomtesses !

BALTHAZARD. Pas la moindre !

SARRAZINE. Ah ! vous ne m'aimez pas !.. vous ! vous !.. Et quand vous me parlez de votre oncle qui ne voulait pas vous voir... que vous ne pouviez pas découvrir... C'était pour me tromper !..

BALTHAZARD. Mais je t'assure...

SARRAZINE. Et moi aussi, j'en aimerai un autre. Je me vengerai !.. je vous déteste !..

BALTHAZARD. Colombe !..

SARRAZINE. Vous êtes un monstre !..

BALTHAZARD, se levant. Ah ! si nous nous emportons... si nous devenons une lionne du Jardin du Roi...

SARRAZINE. Et moi, qui tout à l'heure encore, refusais d'écouter une personne respectable...

BALTHAZARD. De quel sexe ?..

SARRAZINE. Un financier... rien que ça !.. notre nouveau propriétaire, M. Callot.

BALTHAZARD. Qui ?.. Callot ?.. Pierre Callot !.. un fermier !

SARRAZINE. Général !

BALTHAZARD. Un vieux !

SARRAZINE. Un gros !

BALTHAZARD. En voilà un coup de la destinée !..

SARRAZINE. Il a la bonté de vouloir me faire un sort superbe !.. et tout ça gratis !

BALTHAZARD, faisant un mouvement. Je vais l'assommer !.. Oh ! qu'est-ce que je dis là ?.. Non !.. mais comment faire ?.. ah ! nos loyers sont payés !

SARRAZINE. Il vient... Je vais le revoir !..

BALTHAZARD. Bon!.. reçois-le, retiens-le!
et je t'aimerai toujours!..

SARRAZINE. Hein!.. que je le retienne!

BALTHAZARD, regardant Callot qui entre. Oh!
oui!.. oui!.. chut!..

(Il sort tout-à-fait et ferme la porte.)

SCÈNE X.

SARRAZINE, CALLOT.

SARRAZINE. Mais qu'y a-t-il donc?.. que je le
retienne!.. il n'est donc pas jaloux, lui!..

CALLOT, l'apercevant. C'est elle!.. (Haut, à la
cantonnade.) Oui, bonne femme, oui... on sai-
sira, on vendra!..

SARRAZINE. Ah mon Dieu!..

CALLOT. Excusez, nymphe des boulevarts,
je ne vous voyais pas!.. (A part.) Elle a pleuré...
l'autre s'en va!.. il y a brouille!

SARRAZINE. Eh quoi! Monsieur, vous dites?..

CALLOT. Je dis que je suis désolé!.. mais
puisque vous ne voulez rien faire pour moi,
mon ange!.. mon ange!.. Au fait, vous êtes si
près du ciel qu'on peut bien vous appeler comme
ça! (Il rit.) Ah! ah! ah! (A part.) Voilà qui est
assez spirituel!

SARRAZINE. Dam!.. Monsieur, on loge comme
on peut... à la bonne franquette!..

CALLOT. Si vous vouliez, méchante, il ne
tiendrait qu'à vous d'habiter les plus riches
appartemens... les hôtels les plus somptueux.

SARRAZINE. Je suis si petite, pour de si grands
logemens!..

CALLOT. Commandez, ordonnez!.. je suis
riche, je peux vous accorder tout ce que vous
me demanderez! j'ai cinq châteaux!

SARRAZINE. Alors, Monsieur, soyez généreux,
remettez à ma tante la quittance de nos loyers!..

CALLOT. Oh non!.. n'allons pas si vite! vous
vous moqueriez peut-être de moi, après... Donnant... donnant! Et d'abord, aimez-moi un peu!..
qu'est-ce qui vous retient?.. M. Balthazard!..
un infidèle... qui vous trahit pour une autre?..

SARRAZINE. Oh! ça!.. c'est bien vrai!.. et je
voudrais me venger... je le devrais...

CALLOT. Juste! vous y êtes!

SARRAZINE. Mais je sens là que j'en mourrais!..

CALLOT. Au contraire, car vous vivrez bien
mieux qu'à présent... et pour essayer, venez
souper avec moi un soir, pour voir.

SARRAZINE, effrayée. Un soir!.. oh! non!

CALLOT. Rassurez-vous!.. nous ne serons pas
seuls!.. Il y aura là des gens respectables comme
moi... des demoiselles charmantes comme vous.

SARRAZINE. Moi, pauvre fille... au milieu de
tout ce beau monde!..

Air de la chanson bretonne.

C'tte robe d'étamine
Que j' porte tous les jours,
F' rait rougir d' ma voisine,
L' satin et le velours!
Enfant de nos campagnes,
J' n'ai point d'esprit, hélas!

Danseuse des montagnes
J' n'ai jamais fait d'faux pas
CALLOT.
Moi j'aime les faux pas!
SARRAZINE.
Et vos riches compagnes
Ne me comprendraient pas!

CALLOT. J'y ai pensé!.. et tenez!.. voici pour
votre toilette, un à-compte sur mes libéralités.
(Il lui glisse une bourse.) Une soixantaine de louis!

SARRAZINE. Quoi donc?.. de l'or?.. ah!
Monsieur! (Rejetant la bourse sur la table.) Ah!
Monsieur!..

Cet or!.. je l'abandonne!..
Reprenez vos bienfaits!..
Toujours l'amour se donne
Et n'se marchand' jamais!
Votre flamme si tendre
Est pour moi sans appas!..
Il faudrait pour me prendre,
Des feux plus délicats!..
CALLOT.
Mes feux sont délicats!
SARRAZINE.
Mon cœur n'est point à vendre
Vous n' le comprenez pas!

CALLOT. Hein!.. des sentimens!.. c'est bien...
c'est très bien!.. Eh mais! petite, cela peut
aller plus loin que je ne pensais... tu es gentille,
j'ai cinq châteaux! je suis seul au monde... je
n'ai qu'un parent, un drôle que des raccoleurs
ont jeté dans l'armée de Flandres... d'où il ne
reviendra pas, s'il plaît à Dieu!.. je puis dispo-
ser de mon bien à ma guise... vous êtes charmante, et ma foi!..

SARRAZINE. Monsieur!.. Monsieur!.. (A part.)
Oh! Balthazard, l'ingrat! il le mériterait!

CALLOT. Décidez-vous!.. dans une heure, il
sera trop tard... les huissiers!.. les recors!..
(On entend du bruit et chanter.)

MADELEINE, accourant de la gauche. Qu'est-ce
que c'est?.. que se passe-t-il?.. (Apercevant
Callot.) Ah! Monsieur?..

SARRAZINE. Ah! mon Dieu!.. quel bruit dans
l'escalier!

CALLOT. Ce sont eux, peut-être?..

SCÈNE XI.

LES MÊMES, BALTHAZARD, MADELEINE.

(Il est en soldat, avec des moustaches. Il patoise
toute cette scène en flamand.)

BALTHAZARD, achevant de chanter.

C'est un soldat de la reine d'Hongrie,
Qui vient le soir voir la bell' Jeanneton!
Ah! cachez-vous, mon ami, je t'en prie,
Ma mère est pas core endormie!

SARRAZINE. Un soldat!..

BALTHAZARD, allant à elle. Ah! j'entrevois ici
une petite Dryade échappée des forêts de Cy-
thère... que je prendrais bien pour camarade
de chambrée!..

SARRAZINE, se sauvant. Monsieur !..

CALLOT, le retenant. Soldat !.. soldat !..

BALTHAZARD. Eh ! enfin !.. voilà mon gros papa !.. bonjour, amour... il y a, le diable m'emporte, vingt-quatre heures que j'use les chaussures du gouvernement à courir, après vous, homme d'or et d'argent !..

CALLOT. Eh ! mais, soldat... je ne vous connais point !..

BALTHAZARD. Possible !.. mais je te connais, moi... votre valetaille m'a dit ous' que tu étais... et je viens !..

MADELEINE, s'approchant. Eh ! mais !.. Dieu me pardonne, c'est...

BALTHAZARD, bas, à part. Chut !

MADELEINE, à part. Balthazard !..

SARRAZINE, du côté opposé, sans regarder. Oh ! j'ai une peur !..

CALLOT. Ah ça !.. me ferez-vous connaître !..

BALTHAZARD. Je suis à vous, homme corpulent !.. vous êtes Callot, Pierre Callot, le fils de Jean Callot, l'oncle de Barthélemy Callot... Par vos écus, le roi de tous les Callot de France et de Navarre !.. hein ! finassier que vous êtes ?..

CALLOT. Vous voulez dire, financier ?..

BALTHAZARD. Accordé !.. tel que vous me voyez, je viens de l'armée de Flandres, en droite ligne... et souvent en zig-zag.

CALLOT. Après ?..

BALTHAZARD. Dans cette même armée, de cette même Flandres, il y a un fantassin intitulé Barthélemy Callot, votre neveu du côté paternel... maternel... sempiternel !..

CALLOT. C'est un drôle que je ne reconnais pas !..

BALTHAZARD. Et vous avez tort ! vrai ! c'est un joli garçon... il vous ressemble.., en beau !.. vous pouvez vous vanter d'avoir un neveu qui est un composé de toutes les perfections physiques... morales... et immorales !.. modèle de bravoure... se battant tous les matins à jeûn... histoire de s'ouvrir l'appétit !.. enlevant les demoiselles à l'escalade... rossant les papas, les maris, les jaloux !.. Parole, c'est un chef-d'œuvre humain !.. une de ces créatures organisées pour servir d'exemple à toutes les soldatesques des univers !..

CALLOT. Oui !.. parlez-en !.. un beau modèle !

BALTHAZARD. Et honnête !.. honnête !.. il a emporté la grenouille du régiment !..

CALLOT. Hein ?.. que dites-vous là ?

BALTHAZARD. Je vas vous dire ça, à vous, finassier...

CALLOT. Financier !

BALTHAZARD. Accordé !.. A cause de ses mœurs pures et douces, il avait z'été promu au grade de fourrier-payeur de la compagnie... lorsqu'un beau jour, histoire de jouer une martingale... il a mis la main sur le bien d'autrui... vous savez ce que c'est, finassier ?..

CALLOT. Eh ! allez-vous-en à tous les diables !..

MADELEINE, à part. Où veut-il en venir ?

SARRAZINE. Eh mais ! cette voix !..

(Elle se rapproche un peu.)

BALTHAZARD. Bref !.. il a tout perdu !.. et dans son désespoir, il voulait se jeter dans l'eau... malgré son profond mépris pour cet élément.

CALLOT. Il aurait bien fait !.. plutôt que de perdre mon nom de réputation !..

BALTHAZARD. C'est ce que je me suis plu à lui faire envisager !..

SARRAZINE, à part. Oh ! non, non... c'est impossible !..

BALTHAZARD. Barthélemy, que je lui ai dit, du courage, mon vieux !.. tu possèdes un oncle adorable... qui ne sait que faire de ses écus de six livres... ce voluptueux sybarique ne te laissera pas débarbouiller la figure par une douzaine de balles... après le jugement qui déshonore son nom !.. le nom des Callot !.. pour une misérable somme de 1,200 livres !

CALLOT. Si fait !..

BALTHAZARD. Vous ?..

CALLOT. Si fait !.. quel affreux malheur d'avoir de pareils bandits dans sa famille !.. je ne donnerai rien, et je crois que c'est assez spirituel !..

BALTHAZARD. Vous les donnerez, morbleu !.. ventrebleu !.. 50 louis !.. pour sauver votre nom... J'arrive exprès pour ça, de Lille en Flandres !.. il reste calfeutré dans une prison, en attendant l'honneur de votre réponse ! (Lui remettant une lettre.) Et voilà !

CALLOT, déchirant la lettre.) Non ! non ! non !.. qu'on le pende !.. qu'on le fusille !.. je le renie !..

SARRAZINE, s'élançant. Ah ! Monsieur... un neveu !.. c'est mal ! c'est très mal !.. quand il vous serait si facile... (Regardant la bourse qu'elle a jetée sur la table.) Ah ! cette bourse que vous m'offriez, à moi... qu'elle soit pour lui !..

(Elle la donne à Balthazard.)

CALLOT. Comment !.. vous voulez ?..

SARRAZINE, le reconnaissant, et éclatant de rire. Ah ! ah !

CALLOT. Hein ?.. elle rit !..

(Sarrazine se tait.)

BALTHAZARD. Merci, trésor !.. de l'encre, du papier, pour vous faire un reçu avec toutes les fanfreluches de ma parataphe !

CALLOT. Eh ! je vous en dispense !.. (A demi-voix à Sarrazine.) Je fais ce que tu veux... mais ce que je veux, tu le sais !.. décide-toi, je ne réponds de rien !

BALTHAZARD, mettant la tête entre eux. Quoi ?..

CALLOT, reculant. Eh ! allez vous promener, soldat !

BALTHAZARD. Merci, finassier !

CALLOT. Financier !   (Il sort.)

BALTHAZARD, criant de la porte. Accordé !..

❦❦❦❦❦❦❦❦❦❦❦❦❦❦❦❦❦❦❦❦❦❦❦❦❦❦❦❦❦❦❦

SCÈNE XII.
SARRAZINE, BALTHAZARD, MADELEINE.

SARRAZINE, riant. Ah ! ah ! ah !

MADELEINE. Balthazard !..

BALTHAZARD, jetant sa canne et son chapeau en l'air. Ah ! ah ! Vive l'armée de Flandres ! ses augustes fantassins et sa cavalerie !..

SARRAZINE. Mais où as-tu pris cet uniforme ?

BALTHAZARD. Ça ne te regarde pas !..

MADELEINE. Et cet argent qui nous vient là pas honnêtement du tout!..

BALTHAZARD. Si fait!.. c'est de bonne prise!.. ça m'est dû!..

SARRAZINE. Mais ce neveu Barthélemy?

BALTHAZARD. Plus tard, vous saurez la charade... en attendant, tante Madeleine, nous voilà riches!.. allez à la halle nous acheter du saumon, des cornichons et du veau, je veux un dîner Pompadour, aujourd'hui... et ce soir, plus de chansons, de tambour de basque. Je vous mène toutes deux à la comédie, chez Nicolet... Apportez du vin... faites venir des fiacres.

SARRAZINE. Et quels beaux costumes nous allons nous donner!..

BALTHAZARD. De l'or sur toutes les coutures! en voilà-t-il de l'or?.. des louis d'or!.. en voilà-t-il!.. faut qu'ils roulent avec notre joie dans tout Paris... (Poussant Madeleine dehors.) Allez donc! allez!..

SARRAZINE. Comme te voilà pétillant!

BALTHAZARD. C'est-à-dire que je fume de gaîté!.. je m'évapore de bonheur... d'avoir mis dedans tous ceux qui n'étaient venus ici que pour vous faire aller de travers!.. A bas les financiers! à bas les vicomtesses!.. (A Sarrazine.) Hein!.. me crois-tu?.. m'aimes-tu?..

SARRAZINE, lui sautant au cou. Ah! toujours!

BALTHAZARD. Et en avant la montagnarde!
(Il danse. Madeleine rentre vivement.)

MADELEINE, tout effrayée. Jésus!.. nous sommes perdus!.. voilà des huissiers, des recors!..

SARRAZINE. Ah! le vilain homme!..

BALTHAZARD. Encore cet huissier de malheur!..

SCÈNE XIII.

LES MÊMES, PICOLET, QUATRE RECORS.

PICOLET. Entrez, mes amis, entrez!.. ne craignez rien!.. (Il s'avance près de Madeleine.) C'est moi qui reviens pour les ordres que vous savez!

BALTHAZARD, criant. Attention!.. fermez les portes! oh! quel bal!..
(Les recors reculent épouvantés.)

PICOLET. Militaire!.. prenez garde!.. vous vous exposez à être pendu!

BALTHAZARD. Pendu pour avoir détruit un individu de ton acabit!.. Du tout, mon homme... ça me coûtera dix écus!.. j'ai de la monnaie sur moi... je puis me donner ce plaisir-là!

PICOLET. Je dois saisir... et je saisirai! A moi, mes recors!..

BALTHAZARD, tirant son sabre.) En avant, perroquets de Montmartre!.. (Montrant la bourse à Picolet.) Tiens!.. tiens!.. en voilà de l'or!.. Où est ta quittance?..

PICOLET. Ah! ah!

BALTHAZARD. Va la chercher... et plus vite que ça!..

MADELEINE, le retenant. Balthazard!

BALTHAZARD. Et maintenant, valsons une allemande à six!.. Eh! vite! Sarrazine, prends ton tambour de basque, voilà la danse qui va commencer!.. tournez! tournez!

(Il les fait tourner autour du théâtre, sur un chœur, de manière que chaque recors arrive successivement à la porte. Picolet cherche à se cacher : pendant ce temps-là, Sarrazine accompagne, montée sur une table; à la fin, elle s'assied en riant aux éclats. La mère Madeleine en fait autant dans un autre coin du théâtre, et Balthazard ferme en riant la porte sur Picolet, qu'il a aussi fait tourner.)

FIN DU PREMIER ACTE.

ACTE II.

Le boulevart du Temple, avec ses arbres, ses marchands, ses promeneurs; à droite , le théâtre de Nicolet avec ses tréteaux élevés, servant à faire les parades. En face, un café avec un balcon devant ; au fond, le restaurant de Bancelin.

SCÈNE I.

BOURGEOIS et BOURGEOISES, GENS DU PEUPLE, MARCHANDES D'ORANGES et DE BOUQUETS, UN ABBÉ et UN MOUSQUETAIRE, entrant successivement pendant la parade. Au lever du rideau, CASSANDRE et LÉANDRE sont en position de deux hommes qui se battent à l'épée, ISABELLE se place entre eux comme dans le tableau des Sabines.

LA FOULE, applaudissant. Bravo !.. bravo !.. bravo !..

UNE VOIX, criant dans la foule. Silence donc!
(Le mousquetaire entre.)

ISABELLE. Papa Cassandre , arrêtez !.. piquez-moi ! lardez-moi comme un fricandeau... mais épargnez mon cher Gilles ! mon cher-z-amant, qui sera mon mari, malgré vous et vos dents, s'il vous en reste encore !

CASSANDRE. Non ! laisse-moi, Isabelle !.. Je veux lui faire cadeau d'un bon coup d'épée !
(Il poursuit Léandre.)

LÉANDRE, criant. A la garde ! à la garde !..

L'ABBÉ , entrant. Qu'est-ce que c'est ? qu'est-ce qu'il y a ?

UNE VOIX, dans la foule. Silence !

CASSANDRE. Défends-toi, séducteur de la vertu ! joli brigand ! voleur de cœurs ! gentilhomme affreux !.. je vais te transpercer de part en part ! (Il se fend sur lui ; Léandre baisse la tête, passe entre les jambes de Cassandre , et le fait tomber aux applaudissemens et aux éclats de rire de la foule. Cassandre se relève vivement, et s'écrie :) Je suis vaincu !.. Ma fille est à Gilles... Embrassez-la !.. (Ils se jettent dans les bras l'un de l'autre. Pendant cette fin de la parade, l'abbé s'est approché d'une jeune fille, et lui a pincé la taille.)

LA JEUNE FILLE , criant. Ah ! vous me pincez !..

UNE VOIX, dans la foule. A la porte !

LA FOULE, riant. Ah ! ah ! ah ! à la porte !.. (Aux premiers mots de Cassandre, qui s'avance pour parler aux spectateurs.) Silence! chut !..

CASSANDRE. Messieurs et dames, c'est assez vous amuser aux bagatelles de la porte... La première représentation va commencer, au spectacle des grrrands danseurs du Roi... M. Placide, dit le Petit-Diable , et son illustre épouse, attendent l'honneur de votre présence. Aujourd'hui, la quatre-vingt-seizième représentation de *la Pucelle d'Orléans;* Mlle Muller jouera la Pucelle, pour la quatre-vingt-seizième fois. On continuera par *le grrrand Festin de Pierre;* M. Constantin remplira le rôle de don Juan, et sera précipité dans les enfers, avec toute sa garde-robe.

LÉANDRE. Rien ne pourra l'empêcher d'aller; il n'y aura plus de remède.

CASSANDRE. Vous verrez ensuite le singe de Nicolet, déguisé en fermier-général , et se promenant en voiture, avec Mlle Guimard.

LÉANDRE. Pour aller prendre *du thé* à l'Opéra.

L'ABBÉ , riant. Ah ! *du thé* ! c'est charmant !

UNE VOIX, dans la foule. Silence !

CASSANDRE. On y verra le beau Dupuis déployer sa vigueur dans les forces d'Hercule.

LÉANDRE. D'Hercule en homme.

CASSANDRE. Nous terminerons par la grande parade des *Savetiers,* avec une bataille aquatique et un arrosement général qui rafraîchira les spectateurs , de manière qu'ils seront tous trempés comme des soupes... ce qui fera beaucoup rire... Allons , Messieurs , prrrenez vos billets au bureau !.. On s'égorge, à la porte, il y a du monde jusque dans les tuyaux de poêle !

Air du Tourbillon de Musard.

Chez Nicolet ,
Qu'on passe ,
Et que l'on se place ;
Pour Nicolet ,
Chacun prendra son billet.

(Tout le monde entre, il ne reste que quelques promeneurs.)

SCÈNE II.
LE MOUSQUETAIRE, L'ABBÉ.

LE MOUSQUETAIRE. Ah! ah! ah! Dis donc , tu as manqué te faire un mauvais parti , l'abbé coquet ?..

L'ABBÉ. Eh! c'est la fleur des mousquetaires! Qu'est-ce que tu attends là ? une brune, une blonde, une rousse ?

LE MOUSQUETAIRE. Non, mon cher; je viens entendre chanter ce garçon, qui a fait battre le guet par le peuple... à propos de la favorite... et puis, je veux voir enfin cette Belle Tourneuse , dont tout le monde parle, et que je n'ai jamais aperçue.

L'ABBÉ. Eh bien ! tu peux t'en aller... Il y a deux jours qu'elle n'a paru... On dit qu'elle est retournée dans sa montagne, comme elle en était venue. (Le Mousquetaire rit.) Parole d'honneur !..

LE MOUSQUETAIRE. Oh ! toi, l'Abbé, tu crois à la vertu de toutes les femmes !

L'ABBÉ. Moi !.. (Appelant.) Eh! la bouquetière !

LA BOUQUETIÈRE, s'approchant. Voilà, monsieur l'Abbé ! Voulez-vous des giroflées, des jacinthes, du rézéda ?

L'ABBÉ. Combien ce bouquet, ma belle?

LA BOUQUETIÈRE. Vingt-quatre sons pour les fleurs, mon cœur, et trente-six pour le compliment. (Faisant la révérence.) Juste, un petit écu.

LE MOUSQUETAIRE, riant. Bravo!.. c'est pour rien!..

L'ABBÉ. Ah! friponne! tu en veux à la bourse des abbés!

LA BOUQUETIÈRE. Tiens! ils n'ont que ça!..

(Le Mousquetaire rit aux éclats, la Bouquetière et l'Abbé finissent par en faire autant. Callot paraît.)

SCÈNE III.

LES MÊMES, CALLOT; ensuite, PLUSIEURS FINANCIERS. La Bouquetière attache les fleurs.

CALLOT. Pas encore aujourd'hui!

L'ABBÉ. Que ne t'adresses-tu plutôt à quelque gros financier... à M. Callot, par exemple?

LE MOUSQUETAIRE. Eh! M. Callot!

CALLOT. Ah! ah! Salut, Messieurs.

L'ABBÉ. À qui diable en avez-vous?.. Vous avez l'air d'une âme en peine?

LE MOUSQUETAIRE. Parbleu!.. il cherche la Tourneuse... il attend cette gentille Sarrazine! Ah! ah! ah!

CALLOT. Vous ne l'avez pas vue?.. Elle n'est pas ici?..

L'ABBÉ. Ah! ah! ah! c'est juste!.. le pari avec Bouret... Vous perdrez votre argent.

CALLOT. C'est ce que nous verrons.

LE MOUSQUETAIRE. Elle est retournée à Plombières.

LA BOUQUETIÈRE. La Tourneuse?.. Ah bien, oui! Elle s'est fait enlever!

LE MOUSQUETAIRE. Ah bah! Mais sa vertu?

LA BOUQUETIÈRE. De la vertu?.. Laissez donc!.. comme vous!

CALLOT. Comment, enlevée?

LA BOUQUETIÈRE, lui attachant un bouquet à la boutonnière. C'est six livres, mon petit mignon!

CALLOT. Flatteuse!

L'ABBÉ, bas au Mousquetaire. Ce pauvre Turcaret!

LE MOUSQUETAIRE. Ah bah! vous vous consolerez, ce soir... car c'est ce soir le terme fatal!..

CALLOT. Eh bien! Messieurs, à la bonne heure... je vais régler ça avec Bouret et nos amis, qui doivent m'attendre là, chez Bancelin. A ce soir!

TOUS. A ce soir! à ce soir!..

LE MOUSQUETAIRE et L'ABBÉ.

Air : Vit' le vin en perce.

Qu'on mette la table
Chez Bancelin,
Et vous serez capable,
Entre le champagne et le chambertin,
De nous paraître aimable.

CALLOT.

Qu'on mette la table

Chez Bancelin,
Et je suis très capable,
Entre le champagne et le chambertin,
De vous donner au diable!

(L'Abbé et le Mousquetaire sortent en riant. Callot va pour entrer chez Bancelin, Picolet entre.)

SCÈNE IV

PICOLET, CALLOT.

PICOLET, retenant Callot. Ah! Monsieur, enfin, je vous trouve!

CALLOT, se retournant. Hein? qu'est-ce que c'est?.. Ah! c'est toi, imbécille!..

PICOLET. Oui, moi-même, en personne!

CALLOT. Enfin, tu as découvert?..

PICOLET. Rien, Monsieur, absolument rien.

CALLOT. Comment, misérable!.. et l'argent que je t'ai donné?

PICOLET. Parti! évaporé!.. (Frappant sur sa poche.) A sec! dame! que voulez-vous?.. Depuis le jour où ce scélérat de Balthazard, après m'avoir fait valser une allemande précipitée, me fit dégringoler une vingtaine de marches sans ma participation...

CALLOT. C'est bien... Après?..

PICOLET. Aussi, je jurai de me venger... de pincer le scélérat de chanteur, et de le faire flanquer en prison à la Bastille, pour ses couplets contre Mᵐᵉ Dubarry.

CALLOT. A la bonne heure!

PICOLET. Et d'abord, pour rattraper Balthazard, qui a disparu avec sa pirouetteuse, je me suis glissé partout avec mon... avec votre argent... J'ai hanté tous les lieux de plaisirs et d'amusemens publics... j'en suis encore ivre.

CALLOT. Le drôle!.. et il se plaint!.. C'est comme sa femme qui vient tous les soirs se promener ici en vicomtesse, sous prétexte d'épier, et qui se fait servir des glaces à indiscrétion; c'est assez spirituel, mais c'est cher. Encore, si tu avais découvert cette fille et son amant!.. Mais non!.. Tiens, ta femme et toi, vous n'êtes bons à rien!

PICOLET. Comment, ma femme! comment, ma femme!.. Ne la mettez pas là-dedans! Elle va à votre campagne, elle en vient, elle y retourne... bien! elle est payée pour veiller sur votre maison... mais ne la mêlez pas à autre chose... ne la mêlez pas à autre chose!..

CALLOT. Ah ça! Sarrazine et Balthazard?

PICOLET. Ils ont quitté Paris. (On entend du bruit vers la droite.) On dit qu'ils ont fait un héritage.

CALLOT. Malédiction! il faut payer Bouret... Je suis perdu de réputation. (On entend chanter dans la coulisse.) Qu'est-ce que c'est que ça?

SCÈNE V.

LES MÊMES, BALTHAZARD, DU MONDE.

BALTHAZARD, parlant à la cantonnade. Eh! oui! parbleu! c'est moi! c'est nous! c'est elle!..

CALLOT. Eh ! mais, je ne me trompe pas...

PICOLET. Ah bah ! ah ! ciel !..

BALTHAZARD, de même. Faites place !.. Elle va venir... elle va tourner... elle va chanter... Arrondissez-vous, et préparez vos gros sous.

PICOLET. Mais... c'est lui !

CALLOT. Elle va venir... et ils avaient quitté Paris ?

PICOLET. Ils y reviennent !.. Ah ! les gueux ! Tant mieux ! le guet est près d'ici.

CALLOT. J'entre chez Bancelin ; tiens-moi au courant de tout. (Il va pour sortir.)

PICOLET. Monsieur ! Monsieur !..

CALLOT. Eh bien ! quoi ?

PICOLET. Et de l'argent, Monsieur ; j'ai donné mon dernier écu à un pauvre.

CALLOT. Toujours de l'argent !.. Sais-tu que tu es une affreuse sangsue ?

PICOLET. Je suis un huissier.

CALLOT, à part, tirant sa bourse. Corbleu ! cette fantaisie finit par devenir horriblement coûteuse !

PICOLET. Dam ! si vous voulez...

VOIX, en dehors. Les voilà ! les voilà !..

(On voit quelques personnes courir à gauche, au moment où Monique, suivie d'un laquais et d'un nègre, qui porte la queue de sa robe, entre par la droite. Picolet suis Callot chez Bancelin.)

✸✸✸✸✸✸✸✸✸✸✸✸✸✸✸✸✸✸✸✸✸✸✸✸✸✸✸✸✸✸✸

SCÈNE VI.

MONIQUE, PICOLET ; et ensuite successivement LE MOUSQUETAIRE ; puis L'ABBÉ ; enfin LA FOULE reparaît.

MONIQUE, en entrant.

Air : Dans la prairie.

En équipage,
Avec mon page,
Moi, je voyage
Pour éblouir les yeux !
Pendant la s'maine,
Comme une Reine,
Je me promène,
Et je plais en tous lieux !
Ce sort prospère
N'est pas vulgaire,
Il fait j'espère !
Honneur à mes aïeux !

Quel bonheur ! quelle existence délicieuse ! je n'ai plus rien à faire qu'à me carrer comme une grande dame... On me regarde passer, on me fait la cour, je ne vois plus mon mari... C'est charmant ! et c'est Callot qui paye !..

REPRISE.

En équipage, etc.

(A la fin de ce couplet, la foule entre de droite et de gauche ; l'Abbé, donnant le bras à une dame, est parmi la foule. Le Mousquetaire sort de chez Nicolet. Picolet a paru un des premiers, et s'est avancé près de la Vicomtesse.)

LA FOULE. La Tourneuse ! la Tourneuse !...

LE MOUSQUETAIRE, entrant. La Tourneuse !..

MONIQUE. Hein ? comment ?.. (Apercevant Picolet.) Ah ! mon Dieu !

PICOLET. Eh ! mais... je ne me trompe pas ! à cette tournure... n'est-ce pas la vicomtesse postiche ? (Il s'approche d'elle.)

MONIQUE, changeant sa voix, aux laquais. Laquais, vous aurez soin de dire au cafetier, qu'il me prépare des glaces... J'en prendrai douze, aujourd'hui... Je me sens en train...
(Elle se promène.)

PICOLET, la suivant. Douze glaces !.. c'est une femme de grande consommation... Je voudrais bien voir... Madame !

MONIQUE, se retournant. Quoi ? qu'est-ce ?.. Laquais, faites éloigner ce peuple !

PICOLET, la regardant, et la suivant. Oh ! ce peuple !.. Bégueule !.. Décidément, elle ressemble à mon épouse, d'une manière épouvantable !.. (A part.) Oh ! quelle idée atroce !.. Est-que M. Callot aurait osé ?.. Est-ce que Monique ?.. Ah !
(Il se retourne, ne la voit plus, la cherche ; elle a disparu. Il la suit dans sa promenade.)

✸✸✸✸✸✸✸✸✸✸✸✸✸✸✸✸✸✸✸✸✸✸✸✸✸✸✸✸✸✸✸

SCÈNE VII.

LES MÊMES, BALTHAZARD, SARRAZINE ; ensuite, DES SOLDATS. On voit un mouvement dans la foule, quelques personnes montent sur des chaises.

CHŒUR.

Mes amis, c'est elle-même,
Les voilà, les voilà revenus !
Ah ! quel bonheur extrême,
Ils n' nous quitteront plus !

VOIX DIVERSES. Bravo ! bravo !.. La Tourneuse !..

AUTRES VOIX. Le chanteur !..
(Applaudissemens.)

BALTHAZARD, arrivant avec Sarrazine. Voilà ! voilà !.. pratiques adorables... c'est nous ! c'est vous ! c'est tout le monde ! Si depuis une huitaine, vous ne nous avez pas contemplés, c'est que nous avons été prendre les eaux...

SARRAZINE. A la fête de Saint-Cloud...

BALTHAZARD. Mais, Parisiens de mon cœur, point d'alarmes !.. nous sommes ramenés vers vous par le sentiment... nous n'avons plus le sou.

SARRAZINE. Et nous allons chanter comme des rossignols.

BALTHAZARD. Pour faire rentrer les pigeons au colombier... Gare que je passe ! (Il fait le moulinet avec une canne, tout le monde se range.) Rangez vos nez, Messieurs et dames, je pourrais les ébrécher. (On rit.) Aujourd'hui, pour la rentrée de la Belle Tourneuse... l'idole de la basse, de la haute et de la moyenne société. (Pendant qu'il parle, l'Abbé s'est approché de Sarrazine et veut lui prendre la main ; Balthazard, qui s'en aperçoit, lui dit en s'interrompant.) A bas les mains, M. l'Abbé, on ne touche pas... (A la foule.) Vous allez la voir tourner trois heures dé suite sans s'arrêter, ni respirer, ni manger, ni parler, ni remplir, en un mot, aucune des fonctions civiles et militaires de son sexe !.. Elle tournerait trois jours de même, si ça lui faisait plaisir; mais ça ne lui ferait pas plaisir !.. cet exercice surprenant, ébouriffant, mirobolant, sera précédé des chansons les plus à la mode, telles que l'*Amoureux de village*.

SARRAZINE. *La Rosière de Chatou.*

BALTHAZARD. *Les aventures d'un marchand de plume,* la romance plaintive du *Chat perdu,* et mille autres, contenues dans ce recueil que je ne vends pas, que je donne pour six blancs.

SARRAZINE. Toutes ces poésies sont de la composition du sieur Laujon, secrétaire de monseigneur le prince de Condé.

BALTHAZARD. Saluez, paysan. (Il ôte son chapeau.) Je commence, Messieurs; ouvrez les oreilles et ne fermez pas votre bourse... si vous voulez que nous soyons d'accord...

(Il accorde son violon.)

MONIQUE, qui a paru pendant que Balthazard parle au public. Des glaces !

PICOLET, paraissant de l'autre côté de la scène. Mais où est-elle ?.. où est-elle ?..

BALTHAZARD. Nous débuterons par *la Canne du Tambour-major,* du sieur Laujon, déjà nommé. (Mouvement de satisfaction.)

PICOLET, à part. Dieu ! si ça pouvait être séditieux !.. Le Guet est là...

BALTHAZARD, à Sarrazine.

AIR.

Pendant mon séjour à l'armée,
O bel objet de mes amours,
Mill'z yeux que vous vous êtes formée !
Vous v'là ronde comme un tambour.
Par malheur, on prétend, ma Reine,
Qu'j'ai des rivaux à la douzaine !
Mais ces oiseaux prendront l'essor,
D'vant ma cann' de tambour-major !

Attention ! Deuxième couplet. Réponse de la belle attendrie. Chantez, la Tourneuse !

SARRAZINE.

Bel homme, calme ta furie;
Je suis pour partager ton sort.
Si tu doutais d' ta bonne amie,
Tu la tuerais avant sa mort,
Est-ce qu'un' fille comm' moi, je l' suppose,
Ne quitt'rait pas tout' sort' de chose,
Pour tes beaux yeux, mon cher trésor,
Et ta cann' de tambour-major.

BALTHAZARD. Troisième et dernier couplet, formant un duo dans le genre du grrrand Opéra !

J'ai r'buté des bell's vivandières.

SARRAZINE.

J'ai r'poussé des sergens du guet.

BALTHAZARD.

J'ai méprisé trois épicières;

SARRAZINE.

Moi, deux marquis portant plumet,

ENSEMBLE.

Pour être fidèle à mon objet.

SARRAZINE.

Je ne prends pas des airs de sournoises;

BALTHAZARD.

Ça n'appartient qu'à nos bourgeoises.

SARRAZINE.

J' préfère, au cœur d'un matador,
Ta cann' de tambour-major.

REPRISE ENSEMBLE.

Moi, j'ai, de plus qu'un matador,
Ma cann' de tambour-major.

BALTHAZARD. A six blancs, le cahier... Allons, Messieurs et dames, faites-vous servir.

TOUS.

A moi !.. à moi !.. un cahier... à moi !

BALTHAZARD. Sarrazine... servez ces Messieurs... je me charge des dames... Chacun son sesque...

(Sarrazine et Balthazard vendent et distribuent des cahiers de chansons.)

PICOLET, s'approchant de l'Abbé et du Mousquetaire. M. le Mousquetaire !.. M. l'Abbé !..

MONIQUE, de la fenêtre du café. Chanteur !.. beau chanteur !..

BALTHAZARD, l'apercevant. Tiens !.. ma Vicomtesse !.. un cahier ?

(Monique fait un signe affirmatif. Il roule un cahier et le lance par la fenêtre. Monique lui jette de l'argent enveloppé dans du papier; il développe et examine.)

PICOLET. Oui, oui, demandez-leur la chanson de l'*Ange perverti*.

LE MOUSQUETAIRE. Bah ! vraiment ?

BALTHAZARD. Un écu de six livres !.. Ah ! femme de qualité !.. je suis attendri de tes beaux sentimens.

(Il lui envoie des baisers. Pendant ce temps, Sarrazine fait le tour du cercle et reçoit de divers spectateurs.)

L'ABBÉ, appelant. Eh ! l'ami !

LE MOUSQUETAIRE, de même. Eh ! la belle !..

SARRAZINE. M. le Mousquetaire !..

BALTHAZARD, se plaçant entre eux. Qu'est-ce qu'il y a ? (Picolet se cache.)

LE MOUSQUETAIRE. Allons, coquin... chante-nous l'*Ange perverti*.

SARRAZINE. Chut !.. ne parlez donc pas de ça...

BALTHAZARD. Pour aller souper à la Bastille !

L'ABBÉ. Bah ! vraiment ?.. C'est délicieux...

LE MOUSQUETAIRE. Va toujours... qui diable peux-tu craindre ?

BALTHAZARD. Dame !.. qui sait ?..

LE MOUSQUETAIRE. Nous te défendrons...

L'ABBÉ. Oui, nous te... il te défendra...

BALTHAZARD, à Sarrazine. Hein ?.. veux-tu ?..

SARRAZINE. Dame !..

BALTHAZARD. Allons, bah ! fichue bête, qui a peur !.. (Criant.) L'*Ange perverti* ! C'est du neuf... c'est du piquant...

(Mouvement dans la foule. Picolet s'échappe furtivement.)

MONIQUE, qui l'aperçoit sortir. Il s'en va !..

(Elle descend.)

SARRAZINE.

Air de Doche.

Un démon, rempli de malice,
Des enfers, un jour, se sauva,
Et, pour cacher son artifice,
En bel ange se transforma.
D'un baril, faisant sa voiture,
Il fend l'air, et s'arrête ici.
Ah! malgré sa belle figure,
Fuyez tous l'ange Dubarry.

SARRAZINE et BALTHAZARD.

Ah! malgré, etc.

LA FOULE, applaudissant. Bravo !.. bravo !..
L'ABBÉ. La Dubarry... Bravo!
BALTHAZARD. Silence !

SARRAZINE, continuant.

C'est lui qui fait verser des larmes
Au peuple, ainsi qu'aux grands seigneurs.
Il porte malheur à nos armes ;
Des Rois il endurcit le cœur...
C'est l'ange qui fait nos misères.
Contre lui, n'ayons qu'un seul cri ;
De nos palais, de nos chaumières,
Chassons tous l'ange Dubarry.

SARRAZINE et BALTHAZARD.

De nos palais, etc.

(Pendant ce couplet, Picolet est rentré avec des soldats du Guet ; il leur montre Balthazard et Sarrazine qu'ils écoutent, et, au moment de la reprise du refrain, les soldats s'approchent.)

LE CAPORAL, leur coupant la parole. Arrêtez-
moi ces grédins-là !
BALTHAZARD. Des soldats !..

(Les soldats veulent les arrêter.)
SARRAZINE, Nous sommes perdus !..

(La foule s'agite.)
LA FOULE, criant. A bas !.. à bas !.. à bas, les
soldats !
PICOLET. A la Bastille le chanteur !
BALTHAZARD, défendant Sarrazine. Millez'
yeux !.. ne la touchez pas !..
SARRAZINE, sautant au cou de Balthazard. Grace
pour lui !

ENSEMBLE.

Air : Point de résistance. (PIERRE-LE-ROUGE.)

LES SOLDATS.

Punissons l'offense !
De vous, nous aurons raison ;
Point de résistance,
Eh! vite, en prison,
En prison !
Qu'on les arrête !
En prison !
Point de raison.

BALTHAZARD, SARRAZINE et LE PEUPLE.

Où donc est l'offense ?
Vous agissez sans raison.
Faisons résistance,
Et pas de prison !
En prison !

Quel trouble-fête !
En prison ! ...
Pour quell' raison ?
BALTHAZARD.
En prison !
Ici, nous vous tiendrons tête.
Quell' trahison !

CHŒUR.

LES SOLDATS.
Vite, en prison !
Point de raison.
LES AUTRES.
Point de prison !
C'est sans raison.

SARRAZINE.
Ah! Messieurs, calmez-vous, de grace ;
Écoutez-nous,
Éloignez-vous !
BALTHAZARD.
Mes grands vainqueurs, quittez la place,
Ou craignez, tous,
Notre courroux !

REPRISE.

TOUS.
Punissons, etc.
Où donc est, etc.

PICOLET. A la Bastille !
TOUS. Non ! non !
LES SOLDATS. Si ! si !
PICOLET, criant. A la Bastille !
MONIQUE, qui se trouve près de lui. Eh! non,
imbécille !
PICOLET, la reconnaissant. Ah ! ma femme !

(Monique s'échappe ; Picolet la poursuit. Pendant
ce temps-là, les soldats et la foule se sont mêlés,
Balthazard se défendant chaudement. Le Mousquetaire a tiré son épée ; il éconduit le Caporal,
et l'Abbé, blotti dans un coin, tremble de tous
ses membres.)

BALTHAZARD. La victoire est à nous !
L'ABBÉ, rassuré, s'éventant avec son chapeau.
Ah! ce n'est pas sans peine !
LE MOUSQUETAIRE, revenant. Ils ont entendu
raison !
SARRAZINE. Oh! que j'ai eu peur !
BALTHAZARD, à la foule qui revient. A nous,
maintenant, la danse !.. le menuet !.. la valse !..
le fandango !... Sarrazine va tourner !.. tour-
ner !.. apportez, apportez de la monnaie !..
on paie d'avance !.. crédit est mort... les mous-
quetaires l'ont enterré...
LE MOUSQUETAIRE. Comment, drôle !
BALTHAZARD, à l'abbé, qui s'est approché de
Sarrazine. A bas les mains... M. l'abbé... on ne
touche pas !.. (Criant.) Attention !

(Tout le peuple fait cercle, et Sarrazine danse un pas ;
l'orchestre accompagne sur l'air du MARQUIS DE
FELTRE, et, au moment où elle commence à tourner très fort, le garçon entre et l'arrête.)

LE GARÇON TRAITEUR, sortant de chez Bancelin.
Eh! la tourneuse ! ces Messieurs les gros financiers, qui dînent chez M. Bancelin, vous di-

sent de venir faire la quête... ils veulent vous donner des sommes monstrueuses...

SARRAZINE. Merci, mon garçon, j'y vais !

BALTHAZARD. Elle allait tourner vingt-quatre heures... c'est ça... va cueillir des louis d'or... pendant ce temps-là, je vais récolter les gros sous... ceux qui n'en ont pas, donneront de l'or... (Il conduit Sarrazine jusqu'à la porte de Bancelin.)

(Tout le monde se disperse de différens côtés.)

SCÈNE VIII.
BALTHAZARD, puis MONIQUE.

BALTHAZARD, revenant. Eh bien ! eh bien ! bonsoir la compagnie !.. les dindons s'en vont au moment de les plumer... c'est égal... la première recette a été bonne ! (Mettant deux écus sur ses yeux.) Je souhaite à tous les aveugles de Paris d'avoir les yeux faits comme ça... (On aperçoit Monique, tout effrayée dans le fond.) Ce diable de Guet m'a fait peur !.. c'est que si j'étais reconnu... arrêté...

MONIQUE, vivement, à la cantonade. Mon laquais !.. retenez-le !.. laquais, ne laissez pas approcher !.. (Descendant la scène, avec un cri d'effroi, à Balthazard.) Ah ! sauvez-moi !..

BALTHAZARD, se retournant. Fichtre !.. une femme !..

MONIQUE. Ah ! M. Balthazard !.. mon intendant... je me meurs !

BALTHAZARD. O vicomtesse de Pomponne !.. c'est vous !.. (La recevant dans ses bras.) Ne vous gênez pas...

MONIQUE. Un impertinent... un frénétique !.. comme j'allais monter dans mon carrosse, il s'est précipité vers moi... il a voulu m'insulter, il m'a peut-être insultée...

BALTHAZARD. Il vous a agacée ?

MONIQUE. Oh ! c'est lui !

BALTHAZARD. Vous n'avez qu'à dire, je lui casserai un bras... deux bras... quatre, si vous voulez.

MONIQUE. Mon carrosse est à deux pas ! venez, sauvez-moi !

BALTHAZARD. Sauvons-nous !

(Ils vont pour sortir.)

SCÈNE IX.
LES MÊMES, PICOLET.

PICOLET, accourant. Arrêtez ! arrêtez !.. c'est elle !

MONIQUE. C'est lui !..

BALTHAZARD. Qui ça ?.. qui ça ?

PICOLET. Misérable ! laissez cette femme... ou je ne suis plus maître de ma fureur.

BALTHAZARD, l'arrêtant. Holà, paltoquet... souviens-toi, que défenses sont faites de lever les yeux sur Madame... sous peine d'amende.

(Monique s'échappe.)

PICOLET, s'attachant à l'habit de Balthazard. Non, non, je ne lâche pas.

BALTHAZARD, lui donnant un croc-en-jambe. Et voilà !.. un bain de poussière, à monsieur.

(Picolet tombe assis, Balthazard se sauve.)

SCÈNE X.
PICOLET ; ensuite, SARRAZINE ; puis LA FOULE, LE MOUSQUETAIRE, L'ABBÉ.

PICOLET, par terre, criant. Pour qui me prend on?.. au secours !.. (Cherchant à se relever.) Il m'a démis quelque chose, le brigand !

SARRAZINE, entrant gaîment. Balthazard ! mon cher Balthazard... de l'or, de l'or... Tiens, vois... (Levant les yeux.) Où donc est-il ?

PICOLET, achevant de se relever. Balthazard !.. ce Cartouche... il monte en voiture... juste dans celle que j'ai fait venir... avec elle !

SARRAZINE, regardant par la gauche. Qui ça ?

PICOLET. Une vicomtesse !.. ma femme, le diable... est-ce que je sais?.. les voilà partis !..

SARRAZINE. Oh ciel !.. avec une dame.

PICOLET. Qu'il enlève.

SARRAZINE. Lui !.. me quitter... lui ! m'abandonner... quand il m'a promis... quand je venais, si contente... oh ! non, non... c'est impossible.

PICOLET. Impossible !.. mais malheureuse, et la voiture qui les emmène... ensemble, ensemble !.. au secours ! à la garde ! à la garde!

SARRAZINE. Oh ! mon Dieu ! oh !.. j'en mourrai...

PICOLET, criant. Et moi, donc ! vengez-vous ! vengeons-nous !

CHŒUR DES PROMENEURS, qui s'approchent.

Air : Nous voilà tous, que faut-il faire ?

Quels cris et quel affreux vacarme !
Nous nous dépêchons d'accourir,
Pourquoi répandez-vous l'alarme ?
Nous venons tous vous secourir.

SARRAZINE.
M'abandonner ! tromper ma confiance,
Me quitter hélas ! sans retour,
Lui ! Balthazard, ma première espérance,
Lui ! qui s'ra mon dernier amour.

(Elle s'évanouit.)

TOUS, l'entourant.
Ell' pleur' l'objet de son amour.

PICOLET.
Oui, mes amis, Sarrazine est trahie !
Mais je ressens plus qu'elle son affront,
Ses maux, ses pleurs, sa jalousie,
Tout ça rejaillit sur mon front.

SCÈNE XI.
LES MÊMES, CALLOT, sortant de chez Bancelin.

CALLOT.
Qu'arrive-t-il ?

PICOLET, montrant Sarrazine.
Voyez, évanouie !

CALLOT.
Balthazard ?..

PICOLET,
Il est enlevé.

CALLOT.
Bravo ! bravo ! ta voiture ?

PICOLET.
Est partie,
Elle sert à ce réprouvé,
Et je suis seul, sur le pavé.

CALLOT. Tu prendras la mienne ; fais ce que je t'ai dit.

PICOLET, s'avançant vers la foule qu'il écarte. Laissez-moi approcher... je suis médecin... vous voyez bien que vous l'étouffez... (Tout le monde forme un cercle autour de Sarrazine. Picolet lui tâte le pouls.) Cette jeune fille est très mal, je vais la faire transporter chez moi... dans mon carrosse. (Deux hommes du peuple emportent Sarrazine évanouie, Picolet s'approche de Callot, et lui dit en passant.) Où allons-nous ?

CALLOT, bas. Aux Champs-Élysées... à ma petite maison.

(On emporte Sarrazine lentement, tout le peuple la suit avec tristesse. Un paillasse de Nicolet paraît sur les tréteaux de la parade, et joue de la trompette ; aussitôt, le peuple quitte Sarrazine, et vient gaîment se ranger en groupe devant la parade.)

LE PAILLASSE. Seconde représentation.

CALLOT, au milieu du théâtre. J'ai gagné.

CHŒUR. FINAL DE L'AIR.

ENSEMBLE.

Entrons, entrons, poussons la foule,
Pour voir ce spectacle nouveau,
Entrons, entrons, l'heure s'écoule,
Et l'on va lever le rideau.

CALLOT ET PICOLET.

Partons, partons, puisque la foule,
S'occupe d'un plaisir nouveau,
Tandis qu'au loin elle s'écoule,
La colombe est dans le réseau.

(Sarrazine disparaît d'un côté, le peuple entre au spectacle. La toile tombe.)

FIN DU DEUXIÈME ACTE.

ACTE III.

Le théâtre représente un petit salon Pompadour, dans la petite maison de M. Callot. A droite, l'entrée du dehors ; à gauche, communication avec les appartemens et le jardin. Dans le fond, au-dessus d'un canapé, un large tableau représentant une scène bergers dans le genre de Boucher. A gauche, sur le devant, un autre petit canapé, et un guéridon à côté, avec tout ce qu'il faut pour écrire.

SCÈNE I.

MONIQUE, seule, entrant tout effrayée.

Eh ! mais... eh ! mais... ce jeune homme a des manières bien chiffonnantes... je suis tout essoufflée, de m'être défendue... tenez... tenez, comme il m'a frippée !

SCÈNE II.
LAPIERRE, MONIQUE.

LAPIERRE, entrant vivement. Mme Pico...

MONIQUE, poussant un grand cri, et se sauvant. Ah !..

LAPIERRE, effrayé du cri, même jeu. Oh !..

MONIQUE, le regardant. Non, non... ce n'est pas lui !.. Dieu ! que j'ai eu peur !

LAPIERRE. Et moi donc !..

MONIQUE. M. Callot n'est pas encore ici ?..

LAPIERRE. Tiens ! est-ce qu'il doit venir à sa petite maison ?..

MONIQUE. Alors, il n'est pas venu.

LAPIERRE. Et il ne viendra pas... oh non !.. c'est fête par ici... aux Champs-Élysées... et il y a une foule de petit peuple.

MONIQUE. Je crois bien... mon carrosse ne pouvait pas avancer... et ici, me voilà bien, seule, avec ce jeune extravagant, le soir, aux bougies !..

LAPIERRE. C'est drôle tout de même... mam' Picolet...

MONIQUE. Je ne suis pas Mme Picolet, d'abord, et d'un !.. Je suis la vicomtesse de Pomponne.

LAPIERRE. Tiens, tiens !.. votre mari est donc devenu ?..

MONIQUE, avec dignité. Il est devenu ce que je veux !.. ça ne regarde personne.

LAPIERRE. Comme ça, c'est pour vous le souper qu'on vient d'apporter : douze couverts, et du vin de Champagne.

MONIQUE. Du vin de Champagne ?.. (Vivement.) Ne le laissez pas voir à ce garçon qui m'a accompagnée... il ne manquerait plus que cela pour donner de l'élan à son impertinence !..

LAPIERRE. C'est peut-être un vicomte ?.. il a l'air joliment enflammé tout de même... aussi, tout à l'heure, dans le parc, en vous poursuivant, il est tombé dans le bassin !..

MONIQUE. Vrai !.. tant mieux !.. ça doit l'avoir rafraîchi !.. c'est que, voyez-vous, M. Callot... votre protection, votre argent, à la bonne heure, je ne dis pas... mais ce pauvre Picolet !.. (Ici on entend frapper à la boiserie.) C'est lui !..

BALTHAZARD. Ohé !.. ohé !.. là boutique !.. la maison !..

MONIQUE. Mais où est-il donc ?..

LAPIERRE. Pardine ! il se sera égaré dans la galerie qui tourne derrière ce tableau !..

(Le tableau qui est au fond, se dérange, et laisse voir à un œil-de-bœuf, Balthazard en robe de chambre, une bouteille d'une main, et de l'autre un verre.)

SCÈNE III.

LAPIERRE, BALTHAZARD, MONIQUE.

BALTHAZARD. Tiens!.. ça s'en va!..

LAPIERRE. Juste, il y est!..

BALTHAZARD. Ah! c'est vous, mes amours!.. bonjour!.. dites donc, en sortant du bain, que j'ai pris par mégarde, je me suis perdu par ici... dans les portes, les plus latérales, collidors et cachettes... où j'ai rencontré primo, d'abord, une robe de chambre superbe... ça m'a changé!

LAPIERRE. Une robe de chambre de Monsieur!.. il est sans gêne.

MONIQUE. A qui le dites-vous?..

BALTHAZARD. Si fait!.. elle me gêne un peu... elle est trop large. Et puis, secundo, ensuite, un tas de bouteilles d'un vin qui mousse... qui mousse!.. et que je bois à vos attraits... appas, et cœtera. (Il boit.)

LAPIERRE. Ah! mon Dieu!.. il va tout boire. (Il sort en courant.)

MONIQUE. Bien!.. s'il se met du vin de Champagne dans la tête!..

BALTHAZARD. Dites donc, ma reine... par où diable faut-il passer pour aller vous dire un mot, tout bas, à l'oreille?..

MONIQUE. Restez où vous êtes... vous êtes bien!

BALTHAZARD. Merci, l'amour... comme ça, je dois avoir l'air d'un quadrupède dans sa niche.

MONIQUE. Je vous défends de venir me trouver!..

BALTHAZARD. Raison de plus!.. attendez! (Se versant à boire.)

MONIQUE. Mais, le malheureux!.. qu'est-ce qu'il veut faire?.. Balthazard, je vous défends...

BALTHAZARD, descendant. Laissez donc!.. dans mon pays on entre par où ce qu'on trouve! (Monique effrayée s'échappe, pendant qu'il a le dos tourné.) M'y voilà!.. (Il saute, le tableau reprend sa place.)

SCÈNE IV.

BALTHAZARD, seul.

Eh bien!.. où donc est-elle? partie, disparue, évaporée!.. oh! oh! la maison!.. la Vicomtesse!.. (Tombant sur le canapé.) Ouf!.. je n'en puis plus!.. l'eau, la surprise, l'amour, la fatigue, le vin de Champagne, tout ça me suffoque! En voilà-t-il une histoire!.. Une princesse que je défends et qui m'enlève... car elle m'a enlevé, le diable m'emporte!.. et, jusqu'à présent, je n'y ai gagné qu'un petit soufflet et deux grands coups d'ongle... C'est une vertu qui griffe... je la poursuis dans le parc, et je tombe dans le bassin... comme un véritable canard... heureusement, je trouve ici une superbe défroque!.. il paraît qu'il y a un homme dans la maison... (Riant.) Et peut-être un mari!.. tiens!.. pourquoi pas!.. ça sera plus drôle!.. oh! les maris! je les adore... dans leurs femmes! et celle-là ne peut pas m'avoir enlevée pour le roi des Prussiens. Allons donc!.. et ce nectar qui se trouve là, sur ma route, par hazard... Décidément l'auberge est bonne!.. je n'en sors plus!.. je m'y implante!.. au fait, je serais bien bête... quand la fortune m'arrive... (Gaîment.) Au diable les mansardes, la place publique et tout le bataclan!.. me voilà vicomte par alliance! (Il s'étend sur le canapé.) Qu'on est bien comme ça!.. dans la soie et le repos!..

Air : Vieux aurore.

Le Champagne,
La campagne,
Les amours, les mots joyeux,
Ça me berce,
Et ça verse
Mille pavots sur mes yeux!
Vicomtesse,
Ma princesse,
Mon cœur se met à tes g'noux,
Sois tranquille,
J' suis docile,
Je m' laiss'rai faire ton époux.
Ça m' transporte,
L' diable m'emporte.
J' sens qu' je n' suis plus ici bas!
C'est un rêve
Qui s'achève,
Hélas!
Ne m' réveillez pas!

(Sa voix s'est affaiblie peu à peu, il s'endort. L'orchestre fait entendre tout doucement l'air de : Tournez, tournez, du premier acte. Le tableau s'ouvre, et Sarrazine lui apparaît en songe, comme on l'a vue au deuxième acte, dansant, tournant, et allant recevoir les dons, ensuite, elle va offrir tout cela à Balthazard, qui s'agite, et pendant le songe, laisse échapper quelques mots entrecoupés.) Toi... oui!.. Sarrazine!.. à moi... toujours... écoute... à moi!..

(Le songe continue pendant la scène suivante, et le tableau se ferme au réveil de Balthazard.)

SCÈNE V.

BALTHAZARD, endormi. SARRAZINE, CALLOT, PICOLET.

(Ils entrent par la droite, et Sarrazine paraît à droite, qu'on l'aperçoit encore dansant dans le fond.)

SARRAZINE. Non!.. laissez-moi!.. où m'avez-vous conduite?..

CALLOT. Calmez-vous, mon enfant!..

PICOLET, entrant vivement. Il paraît qu'il y a une dame, ici!

SARRAZINE. Une dame!.. où est-elle?.. je veux la voir!.. je veux qu'elle me renvoie!..

CALLOT. A qui?.. à un ingrat qui vous trahit.

SARRAZINE. C'est impossible!..

PICOLET. Il n'y a pas de doute!.. le scélérat!.. et on ne m'ôterait pas de la tête que c'est ma...

BALTHAZARD, rêvant. Oh! oui!.. à toi!.. à...

CALLOT. Qu'est-ce?

PICOLET, l'apercevant. Ah!.. chut!..

SARRAZINE. Ciel!.. c'est lui!..

CALLOT, la retenant. Silence!.. et ce changement de costume... ce sommeil... ce canapé!..

SARRAZINE. Que fait-il ici?.. qui l'a amené?.. ah! si c'était vrai!.. s'il m'avait oubliée!.. moi qui l'aime tant!

PICOLET. J'ai envie de le battre pendant qu'il dort.

BALTHAZARD, s'agitant, et d'une voix étouffée. Reste!.. oh! reste ici!.. toujours!.. Sarrazine.

CALLOT, qui a écouté. Ciel!..

SARRAZINE. Il a dit?..

CALLOT, l'entraînant à droite. Rien!.. venez, venez!.. pour savoir son secret... il ne faut pas qu'il vous voie!..

PICOLET. Il se réveille!..

BALTHAZARD, reprenant l'air en sourdine.

C'est un rêve
Qui s'achève,
Hélas!
Ne me réveillez pas!

SARRAZINE, entraînée par Callot. Laissez-moi!.. je veux lui parler!.. ah! Balthazard!..

(A ce cri, Balthazard se réveille vivement. Callot et Sarrazine disparaissent. La porte de droite s'est refermée, et Picolet n'a que le temps de se baisser derrière le canapé.)

SCÈNE VI.
BALTHAZARD, PICOLET.

BALTHAZARD, vivement. Sarrazine!.. c'est toi, c'est... (Il tend les bras du côté du songe, qui vient de s'évanouir tout-à-fait.) Rien! rien!.. je rêvais. (Se levant.) Cependant... j'ai entendu... (Regardant autour de lui.) Non!.. un songe... mais, je l'ai revue!.. Sarrazine!.. ah! pauvre fille!.. que j'oublie toujours, quand je ne la vois pas!.. elle doit m'attendre... se désoler peut-être, ici près... dans la foule... aux Champs-Élysées!.. je cours... mais la Vicomtesse... je ne la reverrai pas!.. non, non!.. je partirai.

(Il sort par la gauche, Picolet, qui, en suivant ses mouvemens se trouve devant le canapé, se lève.)

PICOLET. Vil intrigant!.. si j'osais... comme je te...

(Au premier mot que dit Callot, il se rebaisse vivement.)

SCÈNE VII.
PIGOLET, CALLOT, SARRAZINE.

CALLOT, rouvrant la porte. Eh bien?..

PICOLET, se relevant. Ah! ce n'est que vous!

SARRAZINE. Balthazard!..

CALLOT. Parti!..

SARRAZINE. Mais où donc?.. où donc?..

CALLOT. Eh mais!.. vous le demandez, ma belle enfant?.. près de cette dame qu'il a enlevée, et qu'il aime!..

PICOLET, voulant sortir. Ah bah!.. (Callot le retient.) Ah mais...

SARRAZINE. Oh! ce serait affreux! ça ne se peut pas.

CALLOT. On se venge!..

SARRAZINE. Me venger!.. comment!..

CALLOT. Ce soir, dans un brillant souper, il vous verra lui rendre la pareille! car vous êtes sûre que c'est un perfide, un infidèle...

SARRAZINE, avec fermeté. Je ne le croirai pas!.. je ne le croirai jamais!..

CALLOT. Mais, si vous le voyiez, si vous l'entendiez... si, devant vous, il en épousait une autre!..

PICOLET, revenant. Qui, épouser!..

SARRAZINE. Oh! s'il en était ainsi!.. je vous aimerais... oui, Monsieur, oui, je vous aimerais!.. ne fût-ce que pour le rendre malheureux... comme moi!..

PICOLET. Vous feriez bien!.. Oh! si j'étais femme!.. oh! si j'étais femme!

CALLOT. Eh bien! mon enfant, attendez encore!.. un peu de courage!.. Picolet va vous conduire ici près, dans ce petit boudoir...

SARRAZINE. Monsieur, Monsieur, je me confie à vous... Je ne suis qu'une pauvre fille... mais, s'il me trahit, je vous promets de ne pas l'aimer et de ne lui pardonner jamais!

(Elle sort par la droite.)

CALLOT. Va!.. suis-la!.. ne la quitte pas... Je cours la rejoindre.

PICOLET. Écoutez-moi, M. Callot... Si c'est ma femme, dites-le moi!.. Au moins que je sois sûr de mon affaire! c'est une consolation!..

CALLOT. Tu n'as pas le sens commun!..

PICOLET, s'en allant. Allons!.. j'aime mieux ça... Je vous crois.   (Il va pour sortir.)

SCÈNE VIII.
PICOLET, CALLOT, MONIQUE.

MONIQUE, entrant vivement. Ah! M. Callot!..

PICOLET, se retournant vivement. Hein?.. Mme Picolet!..

MONIQUE. Là! mon imbécille de mari!

PICOLET. Ah!.. tu me reconnais enfin!.. Comment! figure à double face!..

CALLOT. Bien, bien, vous vous disputerez plus tard... vous vous battrez même, si vous voulez... Allons au plus pressé. Tu ne pouvais pas arrêter ce garçon, il fallait bien que ta femme l'enlevât!

PICOLET. Eh bien! merci!.. c'est du moral!

CALLOT. Enfin, notre jeune homme?..

MONIQUE. Il est très entreprenant!

PICOLET. C'est-à-dire qu'il me pousse des champignons sur la tête.

CALLOT. Il est à nous!

MONIQUE. Ah! bien, oui!... Voilà du nouveau!.. Il faut croire que mes rigueurs l'ont réduit au désespoir; en ce moment, il fait le diable à la porte... il veut partir, s'en aller!..

PICOLET. Bon voyage!..

CALLOT. Il ne faut pas qu'il parte!

MONIQUE. Il rosse tout le monde!.. il me demande...

CALLOT. Bravo ! C'est à toi de le retenir !..

MONIQUE. Encore !.. Monsieur... Monsieur... je suis mortelle !

PICOLET. Comment ! tu es mortelle ?.. Et moi, qu'est-ce que je serais donc ?..

CALLOT. Allons ! du courage !.. Nous touchons au but !.. Votre fortune est faite !.. Tout est prévu !.. On va servir ici un souper coquet pour Balthazard et toi... Il faut que Sarrazine trahie se jette dans nos bras...

MONIQUE. Va pour le souper... ça passe et ça n'engage à rien !

PICOLET. Permettez.

CALLOT. Et toi, viens... Rejoignons la petite.

PICOLET. Du tout ! du tout !... Je ne sors pas. Je suis cloué ici... dans l'intérêt des mœurs !..

MONIQUE. Je te jure !..

PICOLET. Je reste !.. Par la ventrebleu !

MONIQUE. Oh !.. il a une tête !

PICOLET. Oui, oui, j'ai une tête... et je la trouve bien comme ça !..

(Lapierre et deux autres domestiques apportent une table servie.)

MONIQUE. Mais, il va venir souper... l'autre !

PICOLET. Nous souperons ensemble.

CALLOT. Tout est manqué !.. (Frappé d'une idée.) Oh ! nous sommes sauvés !.. Attends !.. attends !.. (A un valet.) Toi, donne-moi ton habit (A un autre valet.) Allez dire à ce jeune étranger que Mme la Vicomtesse l'attend ici.

(Le valet sort.)

PICOLET, à part. Une vicomtesse !.. la femme d'un huissier !.. Quelle bamboche !.. (A Callot, qui lui ôte son habit.) Eh bien ! qu'est-ce que vous faites ?..

CALLOT, lui montrant l'habit de Lapierre. Mets-moi cet habit-là.

PICOLET. Plaît-il ?.. Moi ?..

MONIQUE, à la porte. Le voilà !..

CALLOT, l'aidant. Eh ! vite donc !.. Tu resteras et tu serviras.

PICOLET. Hein ?.. Je servirai... ma femme ?..

MONIQUE. Tiens !.. pourquoi pas ?

CALLOT. Eh ! vite, silence !

(Il sort, précédé du valet qui emporte l'habit de Picolet.)

SCÈNE IX.

PICOLET, MONIQUE, BALTHAZARD.

PICOLET. Comment ! Moi, servir ?.. Fi donc !

MONIQUE, lui jetant une serviette. Allons, tiens... et tais-toi !

BALTHAZARD, à la cantonnade. Ah ! gueusards !.. ah ! vous ne voulez pas m'ouvrir ?..

MONIQUE. Qu'y a-t-il, M. Balthazard ?

BALTHAZARD. Ah ! Mme la Vicomtesse... vous voilà ! J'en suis bien aise. Je veux m'en aller ! oui, m'en aller ! Voilà qui est clair... Et tous ces paltoquets de freluquets de valets me ferment les portes... J'en ai déjà éclopé deux. Où y en a-t-il encore ?... Qu'ils viennent ! (Apercevant Picolet.) En voilà un !

PICOLET, se sauvant. Tiens ! par exemple !..

je ne dis rien. (A part.) Il a toujours la passion de rosser, celui-là ! C'est un caractère !

MONIQUE, le retenant. Eh mais ! M. Balthazard, quelle violence !

BALTHAZARD. Mais non, Vicomtesse... ce n'est pas moi qui fais des violences... c'est ceux qui veulent me renfermer en cage, comme un oiseau des Canaries...

MONIQUE, minaudant. Auprès de moi !.. Vous êtes donc bien malheureux ?

BALTHAZARD. Malheureux !.. c'est-à-dire, je... (A part.) Oh ! si elle me refait les yeux en coulisse ?..

PICOLET, à part. Tenez !.. tenez !.. comme elle le regarde !..

MONIQUE. Vous oubliez, M. Balthazard, qu'une dame... une grande dame, une vicomtesse, rien que ça... vous a invité à souper avec elle !

BALTHAZARD. A souper !.. (Regardant la table.) Sapristi ! (Se réanflammant.) Quel souper !.. c'est vrai ! ma vue, à cet aspect...

MONIQUE. Et vous refuseriez ?.. Ah ! vous êtes trop galant pour vous évaporer ainsi... (A Picolet.) Un siége, à M. Balthazard ?

BALTHAZARD. Vicomtesse... certainement... j'avais des raisons... car enfin... mais un souper... du vin qui mousse... Au fait... ça n'empêche pas. (A Picolet.) Un siége, à M. Balthazard ?

PICOLET, approchant un fauteuil. Quel métier pour un mari !.. Oh !..

MONIQUE. A la bonne heure !.. Eh mais, est-il donc si difficile d'obéir... petit sauvage !.. A boire, à M. Balthazard ?..

PICOLET, servant. Dieu ! si je n'étais pas ici... je serais dans des transes !..

MONIQUE. Versez, laquais !.. (Picolet passe derrière elle et la sert.) A vos amours !

BALTHAZARD. A vos amours !

(Il s'arrête à regarder Picolet, qui se trouve en face de lui.)

MONIQUE. Mon Dieu ! comme vous me regardez donc !

BALTHAZARD. Non, non !.. ce n'est pas vous ! c'est cette figure cocasse qui est là... au-dessus de la vôtre.

PICOLET. Comment ! cocasse !..

BALTHAZARD. Le diable m'emporte !.. J'ai vu ce volatile quelque part...

PICOLET. D'abord, je ne suis pas un...

MONIQUE, Taisez-vous !.. A boire, à M. Balthazard !..

(Picolet passe de l'autre côté.)

BALTHAZARD, dévorant. C'est ça !.. A boire à moi !.. et trinquons toujours ! (Ils choquent leurs verres.) Tenez, Vicomtesse de mon cœur, vous avez une main à griser tout Paris !.. c'est doux, c'est satiné... ça donne un appétit dévorant !

PICOLET. Oh ! je suis en nage... Je mouillerais six chemises.

BALTHAZARD, montrant un pâté. J'en accepterais bien une tranche.

MONIQUE. A la bonne heure !.. vous ne mangez pas, mon ami ?

BALTHAZARD, la bouche pleine. Vous trouvez, mon amie ?..

(Picolet, qui a tourné derrière Monique, la pince.)

MONIQUE. Ah!.. laquais!.. (A part.) Il m'a pincée!

BALTHAZARD. Quoi donc?..

MONIQUE, se frottant le bras. Rien... rien!

BALTHAZARD, buvant. A vos beaux yeux!.. (Apercevant Picolet, qui est revenu en face de lui.) Oh!.. (Il pouffe de rire.

MONIQUE. O ciel!.. vous étouffez?..

BALTHAZARD, montrant Picolet. Non, non... j'y suis! Il ressemble à un huissier que j'ai abîmé l'autre jour.

PICOLET. Moi?.. Permettez...

MONIQUE, riant. Bah! vous avez rossé un huissier?.. Ah! ah! ah!..

BALTHAZARD, riant. A plates coutures!.. v'li... v'lan!.. je l'ai fait valser. Ah! ah! ah!..

PICOLET, s'efforçant de rire. Ah! ah! ah! (A part.) Gueux que tu es, va!

BALTHAZARD. C'est le jour, vous savez, où j'ai mis dedans le père Callot... J'en avais le droit.

PICOLET, se rapprochant. Hein?.. vous dites?..

MONIQUE, vivement. A boire, à M. Balthazard!

BALTHAZARD, criant. A boire, à M. Balthazard... (Changeant de ton.) Dites donc, un huissier!.. ça se rosse!.. c'est venu au monde pour ça!.. est-ce que vous auriez aimé un huissier, vous?..

MONIQUE. Peu!.. peu!..

PICOLET. Bon!.. elle m'humilie en face!.. il faut avaler le calice!   (Il boit en cachette.)

MONIQUE. Ces gens-là n'ont pas l'air distingué... les manières...

BALTHAZARD. Que j'ai!.. le fait est qu'on me trouve la figure assez cossue...

(Chantant.)

A son air, sa mine et son port,
On connaît un tambour-major!

(Monique s'éloigne de lui, et comme la table est ronde, ils tournent autour, chaque fois que le jeu de scène se reproduit.)

PICOLET, à part. Qu'est-ce qu'il lui veut?

Air de la fête du village voisin.

Mais Balthazard, restez à votre place,
Autour de moi, pourquoi tourner ainsi?

BALTHAZARD.

Mais c'n'est pas moi ma bell' qui tourne ici,
C'est la table qui change de face,

PICOLET.

Je tremble de peur!

BALTHAZARD.

Un baiser, mon cœur!

(Il tourne.)

MONIQUE.

Petit séducteur!
Ah! c'est par trop d'audace!..
Vous tournez toujours!

(Elle tourne.)

BALTHAZARD.

Vous fuyez toujours!
Après vous je cours...
Restez, mes amours!

(Il tourne.)

MONIQUE.

Restez, mes amours!

(Elle tourne.)

PICOLET.

Comment, vos amours!
O mon saint patron, viens à notre secours!

BALTHAZARD.

Verse, verse encore, et vive les amours!

PICOLET.

Patron des huissiers, viens à notre secours!

MONIQUE.

Patron des maris, viens à notre secours!

BALTHAZARD. Ah! ah! ah! (Picolet qui est derrière son fauteuil, le retient. Hein!.. qu'est-ce que tu fais-là, toi, valetaille?.. avec ta tête de chauve-souris?.. tu nous gênes... va-t'en!..

PICOLET. Comment, que je m'en aille!.. où allons-nous, grand Dieu?..

BALTHAZARD. Dites-lui donc de s'en aller, l'amour!.. est-ce qu'on ne peut pas rester ici, en tête-à-tête, à deux?..

PICOLET, en colère. Mais non! mais non!..

BALTHAZARD, voulant se lever. Tu dis, Mistigri?.. (Il chancelle.) Déserte!..

MONIQUE, le retenant. M. Balthazard, il a raison... la morale!..

BALTHAZARD. De quoi? de quoi?.. la morale!.. où que ça se tient pour que j'en achète!.. il me semble que lorsqu'on a mis dans les vignes un jeune et beau guerrier...

PICOLET. Ah bah! vous êtes soldat!..

BALTHAZARD. Rien que ça... Colas!..

MONIQUE. Parole d'honneur!..

BALTHAZARD. Et déserteur, mon cœur!.. quand on l'a enflammé, ombragé... (A Picolet.) Va-t'en! (Le tableau du fond glisse comme à la scène deuxième et laisse voir Sarrazine, et derrière elle Lapierre qui lui montre ce qui se passe en scène.)

PICOLET, apercevant ce mouvement de scène. Ah!

(Callot paraît à gauche et se tient sur le côté.)

CALLOT, bas. Silence!

SCÈNE X.

Les Mêmes, CALLOT, SARRAZINE.

(Balthazard, tourné vers Monique, ne voit ni Callot qui s'arrête à gauche, ni Sarrazine qui paraît au fond.)

MONIQUE, debout, et avec dignité. M. Balthazard, je ne puis rester seule qu'avec mon époux!

BALTHAZARD, enivré. Votre époux!.. ça va! tiens!.. pourquoi pas?.. je vous épouse... avec la maison... la cuisine, la cave... le grenier... et tout le bataclan!.. A notre mariage, Vicomtesse!..

(Il boit, Sarrazine témoigne sa colère.)

PICOLET. Hein?.. qu'est-ce qu'il dit!.. Il épouse ma... (Callot lui donne un coup de pied pour qu'il se taise.) Bien!..

MONIQUE. Mais, mon époux!.. sans plaisanterie!.. par contrat!..

BALTHAZARD, chancelant. Tout de suite!.. apportez-moi une plume, du papier, un notaire!..

CALLOT, à part. Nous le tenons!..

BALTHAZARD. Bonjour, notaire, c'est-y un notaire? je ne vois plus! je n'entends plus... donnez-moi un contrat que j'y impose mon nom avec paraphe, pataraphe, et cœteraphe !.. (Faisant semblant d'écrire.) Barthélemy Callot... vicomte... ah ! ah ! ah !

CALLOT, s'avançant, à part. Hein ? que dit-il ?

PICOLET. Ah bah !..

MONIQUE. Quel nom ?..

BALTHAZARD. C'est le mien ! n'y a pas d'affront ! nom d'un guerrier, d'un financier, entendez-vous, bijou !.. (Même jeu.) Barthélemy Callot...

CALLOT. Mon neveu !..

BALTHAZARD, se retournant. Oui; chanteur, déserteur et dont vous êtes tous les recéleurs.

SARRAZINE, poussant un cri au moment où le tableau se referme. Ah ! Balthazard !

BALTHAZARD, se retournant vivement. Oh ! cette fois !.. (Il reste frappé, immobile, et rappelant peu à peu sa raison.) Là !.. elle était là !.. Sarrazine... (Regardant Callot.) Bonjour, mon oncle !.. ça va bien mon oncle ?.. et moi, enlevé !.. où donc ?.. (Allant à Monique.) Ah ! vicomtesse !..

PICOLET, se mettant entr'eux. Laissez ma femme !..

BALTHAZARD. Sa f..... (Riant.) Ah ! ah ! c'est lui... l'huissier !.. va-t-en ! tu es laid ! toi ! je me rappelle !.. oui, mais ce souper, ce mariage ?.. Sarrazine... et mon oncle qui voulait... (Le prenant au collet.) C'est bien lui !

CALLOT. Laissez-moi... c'était une plaisanterie !..

MONIQUE. Un simple plaisanterie !..

BALTHAZARD. Hein ?.. et quand je jurais à une autre... quand je...

PICOLET, montrant le fond. Elle était là !

BALTHAZARD. Là !.. mille z'yeux !.. et elle m'a vu !.. Pauvre fille !.. (Pleurant.) Elle en mourra !.. (Eclatant.) Mais c'est donc une caverne, ici !..

PICOLET, se sauvant. Le voilà parti !..

CALLOT. Jeune homme !.. si vous êtes mon neveu ?..

BALTHAZARD. Ah ! vous m'avez fait danser sur la couverture pour vous donner de la joie à mes dépens ! (Ils veulent se sauver, il attrape Callot.) Mon oncle, vous... mais en me mettant le feu dans la tête, vous ne savez donc pas ce que vous avez fait !..

MONIQUE, derrière la table. C'est un lion !..

PICOLET, Enragé !..

BALTHAZARD, continuant. Vous ne savez donc pas que pour me venger... (Courant aux bougies.) Je puis mettre le feu à toute votre barraque dorée !..

SCÈNE XI.

LES MÊMES, LAPIERRE.

LAPIERRE, accourant. M. Callot ! M. Callot !.. si vous saviez... ce n'est pas notre faute !.. la tourneuse ! cette jeune fille... que vous aviez laissée là, avec nous !..

BALTHAZARD. Sarrazine !..

CALLOT. Après !..

LAPIERRE. Impossible de la retenir !.. dans son désespoir, elle nous a échappé... et comme nous la poursuivions, elle s'est jetée dans les Champs-Élysées... au milieu de la foule qui l'a reconnue... et qui l'a ramenée !..

BALTHAZARD, le prenant par le bras. Mais où donc !.. par où !.. conduis-moi !..

(On entend l'air de la tourneuse.)

LAPIERRE. Oui, pour me faire assommer... tenez, les entendez-vous ?..

(Ils sont tous tremblans. Picolet se jette sous la table. Tout-à-coup les portes s'ouvrent de tous les côtés. La foule du deuxième acte parait portant des torches.)

SCÈNE XII.

LES MÊMES, BALTHAZARD, SARRAZINE, LA FOULE.

CHŒUR.

(Continuation de l'air.)

Gloire à notre tourneuse !..
    Not' joyeuse
    Danseuse !
Place à notre tourneuse,
    Mes amis la voilà !
    Prêt à s'battre pour elle
Le peupl' lui s'ra fidèle
Et la foule, ma belle,
Toujours te défendra.

BALTHAZARD, gaîment. Oh ! comme ça dégrise !.. Entrez, les autres, entrez, et ne massacrez personne !..

PICOLET, sous la table. C'est bien heureux !

CALLOT. Qu'est-ce que c'est que ça !..

BALTHAZARD. Ça, mon gros...

SARRAZINE. C'est le bonheur et la joie après la peine et le chagrin !..

BALTHAZARD. C'est Sarrazine, ma Sarrazine... qui prenait sa volée vers la Seine et que les amis ont sauvée !.. mais je te reviens ! à toi, à toi seule !.. tu me pardonnes, hein ?.. tu me r'aimes !

SARRAZINE, lui sautant au cou. Oh ! oui... oui, toujours !..

MONIQUE, à part. Je crois bien !.. je commençais à m'y faire, moi !..

CALLOT. Et maintenant, drôle que vous êtes, me direz-vous de quel droit !..

BALTHAZARD, avec force. Ah ! oui, parlons-en ! A nous deux, à présent. (Bas.) Mon oncle !..

CALLOT, toussant. Hum ! hum !.. (Bas.) Veux-tu bien te taire... son oncle à la face de tout Paris !.. (Haut.) Un malheureux qui a déserté, pillé.

SARRAZINE. Il se pourrait !

BALTHAZARD. Halte-là ! j'ai pris mon congé... que vous paierez très bien ! mon oncle... (Callot tousse.) Entendu !.. quant à la grenouille du régiment, c'était une bouffonnerie... histoire de vous mettre dedans, finassier !

CALLOT. Accordé !

BALTHAZARD. Attention ! les amis, je vous présente M. Callot, un très honnête homme... qui nous dote et nous marie.

TOUS, Bravo ! bravo !..

PICOLET, bas, à Callot. Avalez, avalez en douceur !..

MONIQUE, à part. Voilà le vieux plumé !

BALTHAZARD. Et de plus, ce bon M. Callot... nous invite tous à souper dans son jardin !.. ce sera un repas de cinq cents couverts... coup d'œil superbe !

CALLOT. Mais... mais...

BALTHAZARD. Et maintenant, Sarrazine, embrassez votre on...

CALLOT, toussant plus fort. Hum !.. (Bas.) Veux-tu te taire !.. (Haut.) Eh bien! soit... je ratifie tout !.. (Approbation.) Mais à une condition, c'est que la tourneuse viendra s'asseoir auprès de moi... au souper que je donne à mes amis.

SARRAZINE. Permettez, Monsieur...

BALTHAZARD. Sois calme !.. je serai là... entre vous deux !

CALLOT. Au milieu !..

BALTHAZARD. Un peu, mon... neveu !.. voilà comme je me venge !.. (A Monique.) Je vous rends à votre magot de mari !.. le roman est fini !..

MONIQUE, regardant Picolet. C'est dommage !..

PICOLET. Hein? vous dites...

BALTHAZARD. Je dis, huissier perverti, que tu vas servir à boire, au festin de Balthazard !.. A table !..

TOUS. A table !..

SARRAZINE, au public.

Air du Marquis de Feltre.

Du succès que je nous souhaite,
Chacun voudrait avoir sa part,
Je viens pour moi faire la quête,
Mais sans oublier Balthazard :
Que le chanteur et sa tourneuse,
Ne finissent pas en ces lieux,
Par une note un peu douteuse
Ou par un faux pas dangereux.
Que chez nous la foule séjourne,
Messieurs, soyez notre soutien,
Pour que la pièce tourne,
Tourne, tourne, tourne,
Tourne, tourne bien,
Pour que la pièce tourne,
Pour qu'ell' tourne bien.

FIN.

NOTA. S'adresser pour la musique de cette pièce, et pour celle de tous les ouvrages du répertoire du Vaudeville, à M. R. TARANNE, bibliothécaire dudit théâtre.

Imprimerie de Mme De Lacombe, rue d'Engbien, 12

PIÈCES DU RÉPERTOIRE DRAMATIQUE EN VENTE.

Titre	Prix	Titre	Prix
Le Toréador, coméd. en trois actes.	50	Les Enfans d'Adam et d'Eve.	30
Miss Kelly, comédie en un acte.	30	Misère et Génie, drame.	30
Le Cheval de Créqui, comédie.	40	Un Service d'ami, vaudeville.	30
Breteuil, comédie mêlée de vaudev.	30	La Perruche, opéra-comique.	40
Un Neveu, s'il vous plaît, folie-vaud.	30	Les Merluchons, comédie.	30
La Grisette et l'Héritière, comédie.	50	L'Elève de Presbourg, opéra-comiq.	30
La Belle Limonadière, coméd.-vau.	50	L'Ecole du monde, comédie.	50
Les Avoués en vacances, vaudeville.	50	Ango, drame en cinq actes.	50
Au bout du monde, coméd.-vaud.	30	La Marchande à la toilette, comédie	40
Les Trois Muletiers, mélodrame.	50	Zanetta, opéra-comique, en 3 actes	50
Fragoletta, comédie-vaudeville.	50	Le nouveau Bélisaire, vaudeville.	30
Le Lion du désert, en trois actes.	40	Les Garçons de recette, drame.	50
Ma Bête noire, vaudev. en un acte.	30	L'Autre, vaudeville.	30
L'Amour d'un ouvrier, drame.	40	La Guerre de l'Indépendance, drame	50
Le Bigame, drame en trois actes.	60	Jean-Bart, vaudeville.	30
Le Prince d'un jour, vaudev. un acte	50	Marcellin, comédie-vaudeville.	50
Les Premières armes de Richelieu,		Iphigénie, comédie-vaudeville.	30
comédie en trois actes.	50	Jarvis, drame.	40
La Folle de Waterloo, drame.	30	Dinah l'égyptienne, drame.	40
Le Marchand de Bœufs, vaudeville.	40	Rifolard, vaudeville.	30
Un Cas de conscience, comédie.	50	La Servante du curé, vaudeville.	30
Giuseppo, drame en cinq actes.	40	Les Paveurs, vaudeville.	40
Les Pêcheurs du Tréport, vaudev.	50	La Calomnie, comédie.	60
La Maupin, comédie en un acte.	30	Cyprien le Vendu, vaudeville.	30
Le Paradis de Mahomet, vaudeville.	30	Les Mystère d'Udolphe, vaud.	40
Eva, drame lyrique.	50	L'Honneur d'une femme, dra.	50
Paul Darbois, drame en cinq actes.	50	Le Cent-Suisse, opéra-comiq.	30
Suzanne, opéra en quatre actes.	50	La Grisette romantique, vaud.	30
La Première ride, vaud. en un acte	50	Marco, comédie-vaudeville.	40
Les Maquignons, vaudeville	40	La Croix de Malte, drame.	50
Le Grand-Duc, proverbe.	30	La journée aux éventails, comédie	40
L'An Quarante, revue en un acte.	20	Mon Gendre, vaudeville.	30
La Famille Panferluche, vaudeville.	40	L'Opéra à la cour, opéra.	50
Mignonne, comédie en deux actes.	40	Japhet, comédie.	50
Je m'en moque comme de l'an 40.	30	Bob, comédie.	50
Le Tremblement de terre de la		La mort de Gilbert, drame	40
Martinique, drame en cinq actes.	50	Eudoxie, comédie.	30
Les Iroquois, revue en un acte.	20	Les Caprices, vaudeville.	40
Premier début de Dazincourt.	20	Montbailly, drame.	50
L'Habit de grenadier, vaudeville.	20	La Grisette au vert, vaudeville.	30
Le Maître à tous, comédie.	30	Le Chevalier de Kerkaradec.	30

Titre	Prix	Titre	Prix
Trois Epiciers, vaudeville.	50	Grisette de Bordeaux, vaudeville	30
Un Souper tête-à-tête, comédie.	30	Matelots et Matelottes, vaudeville	30
Lauzun, comédie.	50	Mégani, comédie.	40
La Cardeuse de matelas.	30	La Fille de Jacqueline, comédie.	40
Deux Filles de l'air, puff en 2 actes.	30	L'Automate de Vaucanson, opéra-c.	50
L'Orangerie de Versailles, comédie.	40	L'Enfant prodigue, comédie-vaud.	50
Le Mari de la Fauvette, vaudeville.	30	Le Mari de la Reine, comédie-vaud.	30
La Fille du régiment, opéra-com.	50	Le Chevalier du Guet, comédie.	50
Le Dernier Oncle d'Amérique, v.	20	Treize à table, vaud.	30
Bianca Coplanni, drame en 5 actes.	50	Le Mirliton, féerie.	50
Le Chevalier de Saint-Georges, c.	50	Rosita, comédie-vaudeville.	40
Les Roueries du marquis de Lansac	40	Toby le Sorcier, comédie-vaud.	30
Le Zingaro, opéra.	50	Trianon, comédie.	40
L'Abbaye de Penmarc'h, drame.	40	La Porte secrète, drame.	40
Carline, opéra-comique trois actes.	50	Juliette, comédie.	40
Vision du Tasse, scène en vers.	20	Reine Jeanne, opéra-comique.	40
Les Pages de Louis XII, comédie.	30	Souvenirs et regrets.	30
Attendre et Courir, vaudeville.	30	Flagrant délit.	30
Delphine, drame-vaudeville, 2act.	30	L'Amour en commandite.	30
Indiana et Charlemagne, vaudeville	50	Brigand et Philosophe, drame.	50
Le Dompteur de bêtes féroces.	30	Comte de Mansfeld, drame.	50
Francesco Martinez, drame.	40	Les Guêpes, revue.	30
Les Parens d'une danseuse, vaudev.	20	Ralph le bandit, mélodrame.	50
La ferme de Montmirail, pièce milit.	40	Chariot, comédie.	50
Une femme sur les bras, vaudeville.	30	86 moins un, vaudeville.	30
L'Enfant de la Pitié, drame.	40	Si nos femmes savaient, comédie.	30
La Grand'Mère, comédie, trois act.	50	Le Tailleur de la Cité, comédie	40
Sous une porte cochère, folie-vaud.	30	Mme de Croustignac, vaudeville.	30
A la vie, à la mort, vaudeville.	30	Pauline, drame.	50
La Mère Godichon, vaudeville.	50	Montansier, vaudeville.	50
Les Trois cousines, vaudeville.	50	Mmes Camus, folie.	30
L'Homme heureux.	30		
Un jeune caissier, drame.	40		
Denise, drame.	50		
Matagran, pièce militaire.	40		
Un bal aux Vendanges de Bourgogn	50		
Une Femme charmante, comédie.	30		
La Dame du second, vaudeville.	30		
Louisette, vaudeville.	40		
Une Révolution d'autrefois, tragédie	40		
La Meunière de Marly, comédie.	30		

En vente : Les 4 premiers volumes du RÉPERTOIRE DRAMATIQUE, formant la collection de l'année 1840. Ils sont ornés de portraits des principaux auteurs et acteurs. Prix : 6 fr. le volume.

PIÈCES EN VENTE DE LA MOSAÏQUE.

Titre	Prix	Titre	Prix	Titre	Prix
Une Chambrée de Savoyards.	30	Torrino le savetier, drame.	40	Le docteur de Saint-Brice, drame.	40	Mazarin, comédie.	30
L'Homme qui tue sa femme.	30	La Mère Saint-Martin, prologue	30	Les Invalides, vaudeville.	30	Le Lierre et l'Ormeau.	40
Le Garçon d'écurie.	40	Le Retour de Saint-Hélène, à-prop.	20	L'habit fait le moine.	30	Dernier vœu de l'Empereur.	30
La descente de la Courtille.	30	Les vieilles amours.	30	Du jeu de dominos.	30	Premières et dernières amours.	40
La paix ou la guerre.	30						

NOUVELLES A LA MAIN

Un Volume in-32 jésus, paraissant le 20 de chaque mois.

Le quatrième volume a paru le 20 mars dernier.

PRIX
Pour Paris . . . . . . 1 fr. » le volume ; 12 volumes, 12 fr.
Pour la Province . . . 1 fr. 15 le volume ; 12 volumes, 13 fr. 80.

Les personnes qui souscriront à l'avance pour 12 Volumes, ou une année entière, recevront l'ouvrage franco à leur domicile, soit à Paris, soit dans les départemens. — (ÉCRIRE FRANCO.)

Notre époque n'est pas plus pauvre que toute autre en ridicules publics et privés, en aventures piquantes ; la politique, le monde abondent en fait curieux qui n'ont pas encore trouvé un observateur caustique, un conteur bien informé. Les journaux, avec leurs nécessités politiques, avec leurs préoccupations littéraires, n'ont ni l'espace, ni le temps de donner asile à toutes ces révélations, à tous ces récits intimes dont s'amuse la société. Les *Nouvelles à la Main*, dont le titre est si heureusement emprunté au dix-huitième siècle, remplissent cette lacune. Une immense variété de sujets qui embrasse les secrets de la politique, les hommes publics éminens par leur position ou par leurs ridicules, le monde, ses mœurs et ses caquets, une appréciation philosophique et gaie de tout ce qui se passe, une connaissance exacte de détails inconnus et qui voudraient l'être, ce sont là les élémens d'une publication semblable, ce sont déjà les conditions qu'elle remplit.

HISTOIRE DES THÉÂTRES DE PARIS.

En vente : HISTOIRE DE L'AMBIGU-COMIQUE, un volume in-32. Prix : 40 cent.

www.ingramcontent.com/pod-product-compliance
Ingram Content Group UK Ltd.
Pitfield, Milton Keynes, MK11 3LW, UK
UKHW020138080726
13614UKWH00005B/2294